Was sich bewährt hat

„Das Wissen der Menschen nimmt in hohem Tempo zu,
die Weisheit offenbar in der gleichen Geschwindigkeit ab!"

Bernd Thye

INGE FRIEDL

Was sich bewährt hat

BEGEGNUNG MIT ALTER LEBENSWEISHEIT

styria premium

ISBN 978-3-222-13522-4

styria

Wien – Graz – Klagenfurt
© 2015 by Styria premium in der
Verlagsgruppe Styria GmbH & Co KG
Alle Rechte vorbehalten

Bücher aus der Verlagsgruppe Styria gibt es
in jeder Buchhandlung und im Online-Shop

styriabooks.at

Lektorat: Nicole Richter
Buchgestaltung: Maria Schuster
Coverbild: Gerhard Trumler

Druck und Bindung:
Druckerei Theiss GmbH, St. Stefan im Lavanttal
Printed in Austria
7 6 5 4 3 2 1

Inhalt

Vorwort

Seit vielen Jahren führe ich Gespräche mit Menschen am Land und lasse mir von früher erzählen. Ich habe diese Menschen, meine Gesprächspartner, gefragt, was sie von der „alten Zeit" am meisten vermissen, was früher also tatsächlich besser gewesen ist als heute. Ganz klar wurden zwei Begriffe am häufigsten genannt: Zufriedenheit und Gemeinschaft.

Das ist verblüffend, denn die Arbeit war hart, das Einkommen gering und das Leben war auch damals bestimmt nicht gerechter als heute. Dennoch war die Zufriedenheit groß und, obwohl der Tag randvoll mit Arbeit war, verfügten die Menschen über mehr Zeit als heute. Was hatten die Menschen früher, was wir nicht mehr haben? Woher kamen ihre Gelassenheit, Zufriedenheit und innere Ruhe?

Der Kulturphilosoph Byung-Chul Han hat festgestellt, dass jedes Zeitalter seine eigenen, besonderen Leitkrankheiten hat. Für uns Menschen des 21. Jahrhunderts wären dies nach seiner Meinung Depression, ADHS und Burnout, resultierend aus einer allgemeinen Überforderung und Erschöpfung. Die Diagnose des Philosophen lautet: Wir sind eine „Müdigkeitsgesellschaft". Faktum ist, dass alles immer mehr, immer schneller, überall und jederzeit sein muss. Das hat Konsequenzen für die psychische Gesundheit unserer Gesellschaft.

Wir hetzen von einem Termin zum anderen, sind gestresst und versuchen, Zeit zu gewinnen, indem wir sie einsparen. Wir haben so viele Möglichkeiten, dass uns die große Auswahl überfordert. Ob im Supermarkt oder bei der Lebensplanung, das Angebot ist riesig und alles scheint möglich. Und unser Dilemma ist: Je mehr Auswahlmöglichkeiten wir haben, desto unzufriedener und unschlüssiger werden wir.

Wir stehen unter Druck, uns im Leben zu verwirklichen und können schwer zur Ruhe kommen. Wir glauben, immer und überall erreichbar sein zu müssen und schalten unser Handy nicht einmal im Urlaub aus. Wir müssen in jeder Hinsicht flexibel sein und haben dabei einen gesunden Lebensrhythmus völlig aus den Augen verloren.

Nicht erst seit der Wirtschaftskrise 2008 fragen wir uns, worauf man sich überhaupt noch verlassen kann und was Bestand hat. Wir merken, dass es uns in vielen Bereichen gar nicht gut geht und dass auch das Lesen von Ratgeberbüchern oder das Besuchen von (teuren) Lebenshilfe-Seminaren uns nicht wirklich weiterhelfen kann. Was aber so nahe liegt, sehen wir hingegen nicht: noch vor ein, zwei Generationen war das Leben ein völlig anderes.

Da lohnt ein Blick zurück. Früher scheint etwas möglich gewesen zu sein, was wir heute ersehnen: ein Leben in Zufriedenheit und Gemeinschaft, ohne unnötige Hektik, dafür in angemessenem Tempo. Ein Leben, in dem man nicht alles gleichzeitig tun muss, sondern schön eines nach dem anderen, und in dem Multitasking ein Fremdwort ist, dafür Begriffe wie Feierabend, Bescheidenheit und Zufriedenheit existieren.

Das ist für die meisten eine unbekannte Welt. In Zeiten von Burnout, Depression und Stress ist es jedoch sinnvoll, etwas genauer hinzuschauen: Würde uns ein neuer Lebensstil mit altem Wissen helfen, dem Hamsterrad von Überforderung und Zeitdruck zu entkommen?

So wie Byung-Chul Han uns heute als „Müdigkeitsgesellschaft" bezeichnet, könnte man ganz allgemein die Gesellschaft unserer

Vorfahren als „Zufriedenheitsgesellschaft" charakterisieren. Ganz gewiss waren früher nicht alle zufrieden, genauso wenig wie heute alle müde zu sein scheinen. Dennoch sind viele von uns ausgebrannt und erschöpft, obwohl es kaum je ein solches Freizeitangebot gab. Früher scheinen die Menschen gelassener und zufriedener gewesen zu sein, obwohl sie weniger Freizeit, weniger Selbstverwirklichung und in einigen Dingen gar keine Auswahlmöglichkeit hatten.

Es steht außer Diskussion, dass manche der alten Lebensweisen bestimmt nicht zur Nachahmung geeignet sind. Ich picke mir sozusagen die Rosinen aus dem Kuchen und erinnere an jene Dinge des alten Lebens, die absolut erstrebenswert sind.

Es geht in diesem Buch nicht um Ratschläge, sondern um den Erfahrungsschatz unserer Vorfahren. Es geht um einen Umgang mit Zeit, der uns wohl tut, um den Wert des Innehaltens und die Kraft der Sonntagsruhe, um echtes Miteinander und auch um die Frage, wie viele Dinge man zum Leben wirklich braucht.

Dieses Buch ist eine Entdeckungsreise zu Entschleunigung und ein wenig mehr Gelassenheit. Es hätte nicht geschrieben werden können, wenn ich nicht derart viele Expertengespräche geführt hätte. Bei diesen Experten, meinen Gesprächspartnern, möchte ich mich bedanken, bei den mehr als einhundert Frauen und Männern aus Salzburg, Oberösterreich, Steiermark, Kärnten und dem Burgenland, die ihre Lebenserfahrung und ihre Weisheit mit mir geteilt haben.

Inge Friedl

SCHLICHT UND EINFACH GEMEINSCHAFT
Vom miteinander Reden und miteinander Leben

AM 3. APRIL 1973 wurden die allerersten Worte über ein Handy gesprochen. Der Elektroingenieur Martin Cooper sprach in einer Seitenstraße von Manhattan, ungläubig bestaunt von den Passanten, folgende Worte: „Joel, ich rufe dich von einem mobilen Telefon an. Von einem echten tragbaren Batterietelefon!" Cooper gilt als der Erfinder des Mobiltelefons und sein erster Anruf galt seinem Konkurrenten Joel Engel in der (gegnerischen) Forschungsabteilung von Bell Laboratories. Das damalige Handy wog übrigens mehr als ein Kilogramm und hatte eine Betriebszeit von nur zwanzig Minuten.

Heute, 42 Jahre später, besitzen 90 Prozent aller Deutschen über 14 Jahren ein Handy und in Österreich wird es nicht viel anders sein. Keiner wundert sich mehr über einen Passanten, der seinem Mobiltelefon begeistert berichtet, wo er sich gerade befindet. Und wir sind es gewohnt, wegzuhören, wenn wir in der Straßenbahn Zeuge eines Telefonats werden, in dem Dinge besprochen werden, die wir gar nicht wissen wollen.

Wir betreten ein Lokal, steigen in die U-Bahn, warten auf den Bus und um uns herum sind alle in ihr Handy vertieft, das mittlerweile ein kleiner Computer geworden ist. Die einen starren auf ihr Display und lesen die Zeitung, die anderen schreiben eine Nachricht auf WhatsApp oder kontrollieren ihren Facebook-Account, eine sieht ein lustiges YouTube-Video an, eine andere hat die Kopf-

9

hörer im Ohr und hört Musik. Kaum einer redet miteinander, man schaut einander nicht einmal mehr an.

Eine Szene wie die folgende spielt sich vermutlich täglich unzählige Male ab: Abendessen in einer Raststation an der Autobahn, irgendwo in Österreich. Am Nebentisch sitzt eine Familie mit zwei Kindern, einem Mädchen und einem Buben. Alle vier sind mit ihren iPhones beschäftigt, essen nebenbei und wechseln die ganze Zeit kein einziges Wort miteinander. Irgendwann, nach 15, 20 Minuten fällt endlich doch noch ein Satz. Der Vater fragt den etwa 8-jährigen Sohn: „Musst du auf die Toilette?[1]"

Wenn wir jetzt vom „Miteinander" der alten Zeiten reden, ist es, als blickten wir in ein fremdes Zeitalter zurück. Es ist nicht nur die „Zeit, bevor das Handy kam", es ist auch die „Zeit, bevor das Fernsehen kam". Das Leben damals war in vielen Dingen so grundlegend anders als unser Leben heute, dass es uns unendlich weit weg erscheint – dabei liegen nur wenige Jahrzehnte dazwischen.

Das, was die Menschen damals erlebten, war schlicht und einfach „Gemeinschaft". Damit ist nicht gemeint, dass alle fantastisch miteinander auskamen und sich fortwährend gegenseitig ihr Herz ausschütteten. Nein, die Gemeinschaft war das Ergebnis der Verhältnisse der damaligen Zeit. Viel mehr Menschen als heute lebten miteinander unter einem Dach. Man redete miteinander, man erzählte sich vieles, man fragte nach und hörte zu. Und all das nicht am Telefon, auch nicht übers Internet, sondern in echten Gesprächen mit real anwesenden Menschen.

ES WAR IM MÜHLVIERTEL in den frühen 1940er-Jahren, als eine Volksschullehrerin in ihrer Klasse eine kleine, visionäre Rede hielt. Sie sagte ungefähr Folgendes: „Ich selbst werde es nicht mehr erleben, aber ihr werdet es noch erleben! Ihr alle kennt ja ein Radio. Ein paar von euch haben sogar eines in der Stube stehn. Ich sag euch: Eines Tages werdet ihr ein Radio mit Bildern haben. Ich weiß auch nicht genau, wie das funktionieren kann, aber es wird so etwas wie ein Radio sein und daneben werdet ihr ein Bild sehen." Die Schüler hatten damals keine Ahnung, wovon die Frau Lehrerin sprach. Keiner konnte sich nur entfernt vorstellen, was sie meinte.

Als diese Menschen dann das erste Mal in ihrem Leben Fernsehbilder sahen, machte das ungeheuren Eindruck. Jeder von ihnen weiß noch ganz genau, wann und wo er die erste Fernsehsendung gesehen hatte. Man erinnert sich an diesen Moment als etwas Großes, Umwälzendes, Unglaubliches.

Folgende Episode ist typisch für diese Zeit: Ein Familie aus Wien besaß in einem kleinen Dorf im Burgenland ein Ferienhaus. Außerdem gehörte ihnen das einzige Fernsehgerät weit und breit. Fernsehen war neu, eine Sensation, und es übte eine ungeheure Anziehungskraft aus. Wie in anderen Orten war auch in diesem Dorf Fernsehen anfangs ein gesellschaftliches Ereignis. Man verabredete sich, um eine bestimmte Sendung gemeinsam anzuschauen. Hier im Burgenland war es die „Löwingerbühne" mit ihren volkstümlichen Stücken, die den halben Ort im Wohnzimmer der Familie versammelte. Jeder verfügbare Sessel wurde in den kleinen Raum getragen, und dicht gedrängt verfolgte man gemeinsam die Sendung.

Dasselbe um 1960 in einem kleinen Ort bei Hermagor in Kärnten: Auch hier besaß nur eine einzige Familie ein Fernsehgerät. Diesmal war es der „Kasperl", der einmal wöchentlich, am Mittwoch, alle Kinder des Ortes anlockte. Allerdings durfte nur schauen, wer die „Eintrittsgebühr" bezahlte: einen Schilling pro Kind.

In der Anfangszeit war Fernsehen noch ein Gemeinschaftserlebnis. Das änderte sich aber schnell. Unversehens saß jeder bei sich zu Hause abends allein vor seinem Fernsehgerät. Innerhalb weniger Jahre veränderte sich das Leben nicht nur am Land dadurch so nachhaltig, dass man von einer „Zeit davor" und einer „Zeit danach" sprechen kann.

In der „Zeit davor" saß man nach der Arbeit gesellig beieinander, unterhielt sich, sang auch manchmal, spielte Karten und erzählte sich Geschichten. Besonders der Winter mit seiner arbeitsfreien Zeit war besonders gesellig. Niemand saß allein in der dunklen Stube, häufig kamen die Nachbarn dazu und man besuchte sich gegenseitig.

In der „Zeit danach" scheint dies alles wie ausgelöscht zu sein. Die Nachbarn nehmen auch am Land kaum mehr Anteil am Leben des anderen (zumindest im Vergleich zu früher) und besuchen sich infolgedessen nur mehr selten. In den Häusern ist es stiller geworden, auch weil viel weniger Menschen als früher darin leben. Die Gemeinschaft, die die alten Zeiten so sehr prägte, scheint unwiederbringlich vorbei zu sein.

BEIM REDEN KOMMEN DIE LEUT Z'SAMM, sagte man früher und meinte damit, dass allein durchs Reden Gemeinschaft entsteht. Die Gespräche ergaben sich wie von selbst. Nach Feierabend traf man sich irgendwo, im Sommer im Freien, im Winter in der beheizten Stube. Im kleinen Kärntner Dorf Kamaritsch war in den 1940er-Jahren der tägliche Treffpunkt für die Dorfgemeinschaft die Küche der Großmutter meines Gesprächspartners. Es war eine winzige „Rauchkuchl" mit offenem Feuer. Die Wände waren schwarz vom Ruß, weswegen eine solche Küche auch „schwarze Kuchl" genannt wurde. Die Großmutter hielt immer Kaffee am Herd warm, für den Fall, dass sie Besuch bekommen sollte. Und das war oft der Fall, denn sie war eine gesellige Person. Die Nachbarn drängten sich geradezu in dem kleinen Raum. Sie saßen um den Tisch und auf der schmalen Sitzbank, die entlang der Wand verlief. Die Männer trugen Hosen aus selbst gewebter, ungefärbter Leinwand, und wenn sie aufstanden, hatten sie alle am Hinterteil einen Rußabdruck. So sah man schon von Weitem, wer bei der fröhlichen Runde dabei gewesen war.

Im Sommer war die Hausbank im Freien der Ort für Gespräche. Alle, die im Haus lebten, trafen sich dort nach Feierabend, manchmal setzte sich ein zufällig Vorbeikommender dazu, und selbstverständlich waren auch hier die Nachbarn willkommen. Geredet wurde nicht über Weltbewegendes. Meistens ließ man den Tag noch einmal Revue passieren und besprach die Arbeiten des nächsten Tages. Wie wird das Wetter? Wie weit ist der Nachbar schon mit seiner Arbeit? Wer braucht Hilfe beim Heuen? Man nannte das „Abschlussdischkurieren", und das war durchaus eine wichtige Sache.

Häufig wurden auch die neuesten Informationen bei dieser Gelegenheit an die anderen weitergegeben. Was hatte sich in den letzten Stunden, in den vergangenen Tagen ereignet? Über wen gibt es Neues berichten? Das war natürlich auch Thema, wenn sich die Verwandten trafen oder wenn an den Winternachmittagen Freunde aus dem Dorf zu Besuch kamen. Oft saßen die Kinder dabei, die dann gespannt zuhörten – „zulosen" nannte man das früher. Atemlos hörten sie, worüber die Großen redeten, welche Geschichten sie erzählten und was sie alles wussten. Immer mussten sie damit rechnen, hinausgeschickt zu werden, wenn das Gespräch auf Dinge kam, die nicht für Kinderohren bestimmt waren. Das machte die Sache nur noch spannender und ließ die Kinder mucksmäuschenstill dasitzen, damit sie nur ja nichts verpassten.

Aber selbst wenn über Alltägliches geredet wurde – und das geschah oft und ausführlich – waren die Kinder dabei und lernten so von klein auf diese Art der Gesprächskultur. Um sie zu beschreiben, hilft vielleicht am ehesten der Vergleich mit dem traditionellen orientalischen Palaver. Es kam nicht darauf an, sich möglichst kurz und präzise in wenigen Worten auszudrücken, sondern man durfte sich Zeit nehmen. Ohne Hektik floss ein Gespräch dahin, oft ohne beabsichtigtes Ergebnis. Dafür sparte man nicht mit Humor und mit Schlagfertigkeit und holte immer wieder aus, um zwischendurch so manche wahre, aber auch erfundene Geschichte zu erzählen.

„MAILBOX VOLL, AKKU LEER. MÜSSEN WIR JETZT REDEN?", lautet der Titel eines Buches. Der Autor machte auf einem österreichischen Bezirksamt eine denkwürdige Erfahrung, die ihn unter anderem zu diesem Buch inspiriert hat. Die Mitarbeiterin der Behörde saß kaum zwei Meter von ihm entfernt und bot ihm an, einen Termin mit ihr auszumachen. Aber, das wäre leider nur über E-Mail möglich, eine persönliche Vereinbarung sei nicht vorgesehen. Er sollte also sein Smartphone nehmen und ihr, die direkt vor ihm saß, eine Anfrage schicken. Dann bekäme er für eine Woche später einen Termin.

Das hört sich absurd an, ist aber längst Realität. Auch im Privatleben läuft bei vielen die Kommunikation zum großen Teil nur mehr über soziale Netzwerke im Internet. Gibt es einen traurigeren Satz als diesen: „Was bringt es, 500 Freunde auf Facebook, aber niemanden zum Reden zu haben?"

Wenn sich heute Jugendliche treffen, wissen sie oft schon durch Facebook, Instagram oder WhatsApp, wo sich der andere in den vergangenen Stunden aufgehalten und womit er sich beschäftigt hat. Auch wenn man sich längere Zeit nicht sieht, scheinen die Freunde irgendwie am Leben teilzuhaben. Sie lesen einfach, was gepostet wird und schon haben sie sich ein Bild gemacht. Worüber also noch reden?

Es ist kein leichtes Leben für junge Menschen. Früher mussten sich Teenager nur im realen Leben zurechtfinden und sich ihren Platz dort suchen. Heute aber sollen sie zusätzlich einen Platz in der virtuellen Welt finden. Die Fragen „Wer bin ich?", „Wer will ich sein", „Wo will ich hin?" sind bekanntlich schwer genug zu beantworten. Nun gilt es auch noch, die Spielregeln des Netzes zu berücksichtigen: Wer wollen sie da sein? Wie sollen die anderen sie da wahrnehmen? Wollen sie womöglich jemand ganz anderer sein als in der realen Welt?

Die „gute alte Zeit" liegt in diesem Fall nur wenige Jahre zurück. Selbst junge Menschen Mitte zwanzig stellen fest, dass es diese Dinge in ihrer Jugend so nicht gab. Es ist heute für Jugendliche viel schwieriger geworden, ihre wahre Identität zu finden als noch vor wenigen Jahren.

Dazu kommt der Druck, immer online sein zu müssen. Kaum legt man sein Handy eine halbe Stunde weg, hat man zwanzig Nachrichten auf WhatsApp, neue Postings auf Facebook und vielleicht ein paar SMS. Nun ist man mindestens zehn Minuten damit beschäftigt, auf alle Nachrichten sofort zu reagieren.

Müssen wir da überhaupt noch reden? Das haben sich wahrscheinlich auch die Enkel jener Bäuerin im oberösterreichischen Almtal gedacht, als sie ihre Oma besuchten. Die Großmutter versuchte, so wie sie es gewohnt war, einfach zu plaudern. Die Jungen waren sehr lieb und willig, aber nach ein paar Sätzen wussten sie nichts mehr zu sagen. Nicht nur Generationen prallten hier aufeinander, auch zwei völlig verschiedene Arten von Gesprächskultur.

Viele von uns haben die Kunst, Gespräche dieser Art zu führen, nie gelernt. Wir fragen kurz, was wir wissen wollen und erwarten keine weitschweifige Antwort. Wir erzählen in knappen Worten, was es zu berichten gibt und werden ungeduldig, wenn sich das Gegenüber zu viel Redezeit nimmt. Wir hören halb hin und werfen nebenbei immer wieder einen Blick auf unser iPhone.

Ständig ist in unserer Hochgeschwindigkeitszeit alles in Bewegung und in Veränderung. Was uns immer schwerer fällt, ist die alte, gesetzte, ruhige, langsame und nachdenkliche Kommunikation. Sich einfach „z'sammsetzen" und mit Abstand und Muße ohne Zeitdruck miteinander zu reden, das wäre zwar theoretisch schön, aber uns fehlt meistens die innere Ruhe dazu.

GEMEINSCHAFT ENTSTEHT, WENN MAN AUFEINANDER ANGEWIESEN IST. Miteinander reden und miteinander leben war früher eins. Das galt für die Dorfgemeinschaft als Ganzes, für die Nachbarschaft im Besonderen und für jedes einzelne Haus. Keiner war davor gefeit, in Notsituationen den anderen zu brauchen. Schon in der nächsten Minute konnte man womöglich Hilfe benötigen. Nehmen wir an, der Ochse schafft es nicht, die Fuhre zu ziehen. Was tut man? Man geht zum Nachbarn, borgt sich seinen Ochsen aus und schon kann man zweispännig ziehen.

Die Nachbarschaftshilfe war ein Grundpfeiler der alten Gemeinschaften. Das Wort *Nachbar* entwickelte sich nicht zufällig aus den alten Wörtern für *nah* und *Bauer*. Nachbarschaft ist in diesem Sinn Gemeinschaft in ihrer ursprünglichsten Form.

Dazu gehörte nicht nur die Mithilfe bei Arbeiten, die *nur* mit Hilfe der Nachbarn erledigt werden konnten, wie das Dreschen, Brecheln[2] oder der Getreideschnitt. Dazu gehörte auch, dass man aufeinander achtgab. Man wusste etwa, dass die (einzige) Kuh eines Nachbarn „trocken" war, also keine Milch gab. Dann stellte bestimmt irgendjemand eine Kanne Milch vor dessen Haustüre.

Jener Mann, der die Geschichte mit der Rauchkuchl erzählte, verglich sein Dorf damals und jetzt. Heute, sagte er wehmütig, erfahre man oft erst nach ein paar Tagen, wenn jemandem etwas passiert war. Obwohl das Dorf nur eine Handvoll Häuser hat, lebe jeder für sich. Jeder hat ein Auto, fährt da hin und dort hin und selbst am Sonntag gebe es keine Gemeinschaft mehr so wie früher.

Heute lebt man „individuell", und das ist aus unserer Sicht wohl gut so, denn die alten Dorfgemeinschaften hatten durchaus ihren Preis. Es waren Zweckgemeinschaften. Die Mitglieder hatten sich einander nicht „ausgesucht", man war einfach aufeinander angewiesen. Dass man in einer so engen Gemeinschaft praktisch nie unbeobachtet bleiben konnte, ist heute, rückwirkend betrachtet, die Kehrseite der Medaille.

Aber es gab auch Geschichten wie diese, die sich in den 1950er-Jahren in Oberösterreich zutrug: Es ist ein heißer, drückend schwüler Sommertag. Man spürt, dass ein Gewitter kommt, aber es hat noch nicht zu regnen begonnen. Man hört den Donner immer näher kommen und sieht bereits die ersten Blitze am Himmel. Das getrocknete Heu muss jetzt so schnell wie möglich heimgeführt werden. Jede Minute zählt. Der Regen würde das Heu durchnässen, sodass es von Neuem getrocknet werden müsste, und dadurch würde es enorm an Wert verlieren. Es ist jene Zeit, als das Heu noch nicht in weiße Plastik-Siloballen eingeschweißt wurde, sondern als Heuschober oder auf Heureitern auf den Wiesen trocknete.

Die Bauernfamilie lädt hastig den Heuwagen voll, aber der Bauer schickt seine Leute allein nach Hause. Er weiß, dass die Nachbarn noch nicht fertig sind, darum geht er zu ihnen, um zu helfen.

Kaum daheim angekommen, beten seine Kinder und seine Frau für ihn um Schutz. Denn was der Bauer tut, ist äußerst gefährlich. Die Gefahr ist groß, dass ein Blitz in die Heugabeln einschlägt.

Bei jedem lauten Kracher zuckt die Familie zusammen, denn die Nachbarn und somit auch der Vater halten sich in der Nähe von Stromleitungen auf. Es blitzt, kracht, blitzt, kracht und noch immer ist kein Tropfen Regen gefallen. Endlich kommt der Vater. Ihm ist nichts passiert. Die Kinder sind erleichtert – und werden diese Geschichte 50 Jahre später so erzählen, als wäre sie gestern passiert.

ES BRAUCHT EIN GANZES DORF, UM EIN KIND ZU ERZIEHEN, sagt ein schönes afrikanisches Sprichwort. Dabei geht es um weit mehr als nur um Kinderbetreuung. Es geht darum, dass das Kind nicht nur in seine Kernfamilie eingebunden ist, sondern dass es Teil eines großen Ganzen, nämlich der Gemeinschaft ist.

Umgewandelt auf unsere (früheren) Verhältnisse könnte man sagen: Es braucht ein ganzes Haus, um Kinder zu erziehen, Alte zu pflegen und sich mit allem zu versorgen, was man im Leben braucht. Hier ist die Rede von der alten Hausgemeinschaft, in der nicht nur Eltern und Kinder zusammen unter einem Dach lebten, sondern da waren auch die Großeltern, die Mägde und Knechte und eventuell noch unverheiratete Onkel und Tanten – alles in allem oft bis zu 15, 20 Personen.

All diese Menschen lebten in einem Haus mit nur einer Küche und mit lediglich einem Aufenthaltsraum, der Stube. Damit so ein Zusammenleben überhaupt funktionieren konnte, gab es eine klare Hierarchie und klare Regeln. Vom Bauern, der Bäuerin über den Moarknecht (dem ersten Knecht) bis hinunter zum Stallbua und zur Saudirn hatte jeder im Haus seine exakt festgelegte Aufgabe, und man wusste immer ganz genau, wer wem was „anschaffen" durfte.

Diese Lebensordnung hatte sich über viele Jahrhunderte entwickelt. Von Generation zu Generation wurden die Verhaltensregeln weitergegeben, die notwendig waren, um als Großfamilie mit Dienstboten unter einem Dach leben zu können. Die Bäuerin wurden übrigens von allen als „Mutter", der Bauer als „Vater" angeredet. Das galt nicht nur für die Familienmitglieder, sondern für jeden, der auf den Hof kam. Das bedeutete sicher nicht, dass sich nun alle wie eine große Familie fühlten, sondern es war die korrekte Anrede für die Besitzer, unter deren Dach alle anderen lebten.

Wir fragen uns heute, wie das nur gutgehen konnte. Gerieten nicht ständig alle aneinander? Dazu eine Innviertlerin: „Das Wichtigste war, Rücksicht zu nehmen. Das Geheimnis, dass es am Bauernhof klappt ist, dass du nachgeben kannst und dass du auch einmal zurückstehst." Gleichzeitig pflegte man die Dinge sehr direkt, manchmal fast grob anzusprechen. Man sagte dem anderen die Meinung, trug die Sache kurz aus, und damit war sie erledigt. Mehrere Gesprächspartner versicherten mir, dass es „Beleidigtsein" nicht gab und dass tagelanges „Nicht-miteinander-Reden" nicht toleriert wurde. Im Normalfall war nach fünf Minuten alles wieder gut, sonst hätte eine Lebensform wie diese niemals funktioniert.

Miteinander auszukommen war allerdings eine Sache, die man lernen musste. Die Kleinen lernten es von den Großen, die Jungen von den Alten, wobei auch hier die Hierarchie klar war. Die Jüngeren respektierten die Alten und waren selbstverständlich „stad" (ruhig), wenn der Bauer und die Bäuerin miteinander redeten. So zusammenzuleben war kein Paradies, aber es war auch nicht die Hölle – bis auf wenige Ausnahmen vielleicht. Glaubt man jenen, die es noch erlebt haben, dann war das Schönste daran, dass man nie allein und einsam war. Man war eingebettet in die Sicherheit der Hausgemeinschaft und hatte oft „eine Gaudi". Das Wort „Spaß" wäre hier falsch, es ging eher um eine Art Unterhaltung, die leicht und schnell zustande kam, wenn zwei oder mehrere beieinander waren. Es war eine Kultur des Humors, der klug und manchmal derb war und vielleicht am ehesten mit dem Wort „Schmäh" zu beschreiben ist.

Die Hausgemeinschaft war ein kleiner Kosmos, in dem sich der ganze Kreislauf des Lebens von der Geburt bis zum Tod abspielte. Es war auch ein Ort, an dem Wissen ganz selbstverständlich weitergegeben wurde. Säuglingspflege, Kinderbetreuung, handwerkliche Fähigkeiten, Kochen, Gärtnern und alle Arbeiten in Haus und Hof wurden allmählich, einfach durch Zuschauen und Mithelfen erlernt. Auch das „G'hörtsi", das gute Benehmen, worunter man früher vor allem Grüßen und Danken verstand, bekam man von zu Hause mit. Es war, wenn man so will, der Kitt, der die alten Gemeinschaften zusammengehalten hat.

HEINI STAUDINGER, DER UNKONVENTIONELLE WALDVIERTLER SCHUHPRODUZENT, erzählte bei einem Vortrag in Berlin zum Thema Gemeinschaft eine Geschichte. Es ging dabei um Wirtschaftsethik: Der Chef einer großen Steuerberatungskanzlei war sich anlässlich einer Tagung in Wien ausgiebig im Jammern über die Absolventen der Wirtschaftsuniversität ergangen, die als Mitarbeiter in seine Kanzlei kommen. Sie seien immer schlechter qualifiziert und er müsse sie noch extra ausbilden, bevor er sie zu Kunden schicken könne. Schließlich platzte einem Wirtschaftsprofessor der Kragen, und er schrie beinah: „Sagen Sie uns endlich, was können sie denn nicht, unsere Absolventen?" Die Antwort des Steuerberaters: „Zum Beispiel grüßen!"

Pfiat di! Griaß di! So wurde früher jeder auf der Straße gegrüßt. Das Grüßen war einer der Pfeiler des „G'hörtsi", des richtigen Benehmens. Sah man auf den Feldern Leute stehen, wurden sie schon von Weitem gegrüßt. Ging man an einem Haus vorbei, grüßte man selbstverständlich jeden, den man sah. Kinder wurden angehalten: „Dass ihr mir ja alle grüßt's! Macht's mir keine Schande!"

Diese Grußpflicht wird heute oft missverstanden und belächelt. Man grüßte nämlich nicht, um irgendwie vor den Leuten gut dazustehen. Der Grund liegt viel tiefer. Solche Formen wurden gewahrt, um die Gemeinschaft zu erhalten! Hätte man sich verfeindet oder es sich mit den anderen verscherzt, hätte man im Notfall nicht mehr mit Hilfe der Nachbarn rechnen können.

Heini Staudinger sagt, dass seine „University of Economics" das kleine Kaufmannsgeschäft seiner Eltern gewesen ist. Denn dort hätte er schon mit zwei Jahren grüßen gelernt. Die kleinen Kramerläden waren übrigens auch Treffpunkte der Dorfgemeinschaft. Einkaufen und miteinander Reden waren eins – eine Sitte, die heute kaum noch gepflegt wird. Die Verkäuferin an der Supermarktkassa hat weder Zeit noch Lust auf ein längeres Gespräch.

Ein Zeichen des guten Benehmens war auch die stets unversperrte Tür in den alten Bauernhäusern. Sie war ein Willkommenszeichen an die Nachbarn. Jeder, der wollte, konnte eintreten, auch ohne vorher anzuklopfen. Oft war es ein Kind aus der Nachbarschaft, das einen Botengang verrichtete oder ein Nachbar, eine Nachbarin, die sich etwas ausborgte. Keiner verließ das Haus ohne ein kurzes Gespräch und jeder bekam etwas „aufgewartet". Die Kinder einen Saft oder eine kleine Nascherei, die Männer ein Schnapserl und jeder, der wollte, eine Jause.

Wie fern ist uns ein solches Leben? Die Autorin Greta Taubert lebte ein Jahr lang so, als wäre die Wirtschaft schon zusammengebrochen. Sie baute Gemüse an, tauschte Kleidung und machte dabei eine völlig neue Erfahrung: „Ich musste anfangen, andere Leute um Hilfe zu bitten. Der Mangel brachte ein neues Gemeinschaftsgefühl." Ihr Experiment war ein Ausflug in eine andere, ihr bis dahin unbekannte Welt, in der Teilen, Tauschen und Schenken zählen. Taubert war angewiesen auf andere und sagt dennoch: „Ich habe mich noch nie in meinem Leben so reich gefühlt."

DAS GLÜCK DER ZUFRIEDENHEIT
Ein erster Schritt zur Gelassenheit

ZUFRIEDENHEIT IST EINE ENTSCHEIDUNG. Das klingt einfach und ist es vielleicht auch. Man sagt „Danke, das genügt!", und ist zufrieden. Man beschließt, dass das, was man hat und was man ist, gut genug ist. Man ist nicht unentwegt getrieben von der Idee, etwas Besseres, etwas Anderes oder eine größere Auswahl zu finden. Man hat sich entschieden, zufrieden zu sein und bleibt dabei. Die Wissenschaft nennt solche Menschen *Satisficer*. Das Wort setzt sich aus den englischen Wörtern *satisfying* (zufriedenstellend) und *suffice* (genügen) zusammen. Ein Satisficer begnügt sich mit der ersten besten Möglichkeit, die seinen Zielen entspricht. Er entscheidet sich: „Es genügt. Ich bin zufrieden. Ich brauche nicht mehr."

Heinrich Böll schrieb eine wunderbare Kurzgeschichte zu diesem Thema. Er nannte sie „Anekdote zur Senkung der Arbeitsmoral". In einem Hafen treffen ein Tourist und ein Fischer aufeinander. Der Fischer liegt entspannt in seinem Boot und döst. Der Tourist fotografiert diese idyllische Szene. Klick, klick und noch einmal klick. Der Fischer wacht auf und die beiden kommen ins Gespräch. Der Tourist fragt ihn, ob er nicht an diesem Tag noch ein zweites Mal auf Fischfang gehen wolle, da das Wetter doch günstig sei. Der Fischer schüttelt den Kopf. Nein, er werde nicht ausfahren. Er habe heute bereits so viel gefangen, dass er auch für den nächsten und übernächsten Tag genug habe.

„Aber", sagt der Tourist, „stellen Sie sich mal vor, Sie führen heute ein zweites, ein drittes, vielleicht sogar ein viertes Mal aus und Sie würden drei, vier, fünf, vielleicht gar zehn Dutzend Makrelen fangen. Stellen Sie sich das mal vor." Wenn der Fischer das täglich tun würde, so der Fremde, könnte er sich in einem Jahr einen Motor für sein Boot, in zwei Jahren ein zweites Boot, irgendwann einen oder sogar zwei Kutter leisten. Dann könnte er sich ein kleines Kühlhaus bauen, eine Räucherei, später vielleicht eine Fabrik. Er könnte mit einem Hubschrauber die Fischschwärme suchen und per Funk den Kuttern Anweisung geben. Er könnte ein Fischrestaurant eröffnen und Hummer ohne Zwischenhändler direkt nach Paris exportieren. Und dann, ja, dann könnte er beruhigt hier im Hafen sitzen, in der Sonne dösen und auf das herrliche Meer blicken. „Aber das tue ich doch schon jetzt", sagt der Fischer, „ich sitze beruhigt am Hafen und döse, nur Ihr Klicken hat mich gestört."

Der Fischer ist der Prototyp des Satificer, der selbst entscheidet, wann es genug ist und wann er zufrieden sein kann. Eigentlich ist jemand wie er eine Provokation in einer Welt, in der alles immer größer, schneller und besser sein muss.

Diese Erzählung von Heinrich Böll ist zwar sehr schön, aber dennoch erfunden. Wahr hingegen ist folgende Begebenheit: Der Besitzer eines kleinen Kaufmannsladens[3], der alles führte, was das Dorf so brauchte, der aber gerade nur so viel abwarf, dass die Familie bescheiden davon leben konnte, fasste seine Lebensphilosophie in einem Satz zusammen: „Solange wir unser Auskommen haben, gibt es nichts zu jammern."

Der Fischer und der Kaufmann, beide sind zufrieden, wenn auch auf unterschiedliche Art. Sie haben beide eine Art Stopp-Schild gegen die Unzufriedenheit aufgestellt, auf dem steht: „Ich habe alles, was ich brauche!" Auch der Kaufmann hat eine Entscheidung getroffen.

Er und seine Familie haben die eigenen Ziele den Umständen angepasst. Sie waren bescheiden in ihren Lebensträumen und waren zufrieden, wenn sie genug verdienten, um einigermaßen gut leben zu können.

DAS WICHTIGSTE, WAS MAN ÜBER ZUFRIEDENHEIT WISSEN MUSS, ist, dass sie immer das Ergebnis eines Vergleichs ist. Dazu eine weitere Geschichte. Eine 1935 geborene Frau, Juliane, die Tochter eines Kleinbauern, meinte, dass ihre Familie nach heutigen Maßstäben eigentlich arm gewesen ist. Bis zum Alter von etwa 12 Jahren wäre ihr so ein Gedanke nie gekommen, weil ihr der Vergleich gefehlt hätte. In ihrer Kindheit hatte sie nie den Eindruck gehabt, dass sie zu kurz kommt, denn alle im Dorf hatten gleich viel oder gleich wenig – je nachdem, wie man es betrachtete.

Die Familie hatte sieben Kinder und besonders während des Krieges eine schwere Zeit. Der Vater war Soldat und die Mutter musste die ganze Last der Arbeit alleine tragen. Man hatte drei, vier Kühe, ein paar Hühner und zwei Schweine. Ein Schwein wurde jährlich verkauft, das andere musste den Fleisch- und Fettbedarf der Familie für ein Jahr decken. Geld war nur vorhanden, wenn das Schwein oder eines der Kälber verkauft wurde – das heißt, Geld war absolute Mangelware. Für die Kinder bedeutete dies: keine (gekauften) Spielsachen und neue Kleidung oder Schuhe nur für die ältesten Geschwister. Die Kleineren mussten „nachtragen", was den Großen nicht mehr passte.

Juliane erinnert sich noch gut an den Moment, als ihr das erste Mal klar wurde, dass ihre Familie arm war, und dass ihr fehlte, was andere besaßen. Zu diesem Zeitpunkt ging sie bereits in die Hauptschule. An einem heißen Tag wollte sie in einem kleinen Stausee baden. Da der Weg dorthin steinig und voll Schotter war, zog sie ihr einziges Paar Schuhe an. Dies war im Sommer ungewöhnlich, denn die meisten Kinder gingen in der warmen Jahreszeit barfuß, um die kostbaren Schuhe zu schonen. Juliane aber hatte an diesem Tag keine Lust dazu. Sie ließ sich auch nicht von ihrer Mutter überreden, die sie wiederholt aufforderte, doch die Schuhe zu sparen und bloßfüßig zu gehen.

Und so geschah es dann – beim Baden wurden ihr die Schuhe gestohlen. Juliane traute sich nicht, ihren Eltern davon zu erzählen und ging am nächsten Tag barfuß in die Schule. Erst dort realisierte sie, dass sie die einzige Schülerin ohne Schuhe war. In der Volksschule waren fast alle Kinder bloßfüßig gewesen, aber jetzt war sie die einzige an der ganzen Schule. Die Hauptschule besuchten damals fast nur die Kinder der besser gestellten Eltern und alle besaßen selbstverständlich mehrere Paar Schuhe. Juliane schämte sich für ihre Armut. Sie wurde zwar nicht von den Mitschülern gehänselt, aber es war ihr äußerst peinlich.

Ein paar Tage ging das so, bis die Eltern bemerkten, was los war. Sie mussten wohl oder übel ihrem Kind neue Schuhe kaufen – eine unvorhergesehene, große Geldausgabe. Bis zu diesem Zeitpunkt war es Juliane völlig egal gewesen, dass sie nur ein einziges Paar Schuhe besaß. Ihrer Ansicht nach war das absolut ausreichend. Doch nun wurden ihr die Augen geöffnet, indem sie sich mit anderen vergleichen konnte, die mehr besaßen als sie.

Von Søren Kierkegaard stammt der Ausspruch „Das Vergleichen ist das Ende des Glücks und der Anfang der Unzufriedenheit". Genau das macht uns heute Stress. Der Nachbar hat ein größeres Auto, die Kollegin ein höheres Einkommen und die Freundin bucht den teureren Urlaub. Das wollen wir auch. Der zuvor erwähnte Dorfkaufmann aber sagte sinngemäß: „Wenn du genug hast, dann sei zufrieden." Das klingt nach Bescheidenheit und das kommt heute gar nicht gut an. Sich-Bescheiden, das klingt nach Sich-zufrieden-Geben, wo man doch noch immer mehr haben könnte.

Die Kaufmannsfamilie, von der oben die Rede ist, war zufrieden, weil die Kluft zwischen ihrer realen Situation und dem, was sie sich erträumten und wünschten nicht besonders groß war. Sie haben „Frieden" mit ihren Sehnsüchten geschlossen und so ihre Seelenruhe gefunden. Nicht umsonst steckt das Wort „Friede" im Begriff Zufriedenheit.

ICH KENNE ZAHLREICHE EXPERTEN FÜR ZUFRIEDENHEIT. Sie sind weder Psychologen noch Soziologen noch haben sie studiert. Es sind weise und lebenserfahrene Menschen, die alle von einer Zeit berichten können, in der scheinbar „andere Gesetze" herrschten. Es handelt sich dabei um die Zeit – bei uns am Land – bis etwa in die 1960er-Jahre.

Immer wieder fragte ich meine Gesprächspartner, was denn „die gute alte Zeit" wirklich ausgemacht hat, was sie heute vermissen würden. Und immer wieder tauchten vor allem zwei Begriffe als Antwort auf: Zufriedenheit und Gemeinschaft. Stellvertretend für viele steht die Aussage einer älteren Bäuerin: „Obwohl man kein Geld gehabt hat, hat man trotzdem alles gehabt, was man gebraucht hat."

Kein Geld – das ist fast wörtlich zu nehmen. Die Menschen waren Selbstversorger und lebten äußerst sparsam. Das galt für alle, für Arme und für Reiche. Reich war, wer Landbesitz, ein großes Bauerngut und viel Vieh hatte. Das bedeutete aber noch lange nicht, dass viel Bargeld vorhanden war und noch weniger, dass man es ausgab.

Der große Gleichmacher am Land war früher der Mangel an Bargeld. Alle besaßen gleich wenig davon. Lediglich der Bauer selbst, der Besitzer, konnte größere Ausgaben tätigen, alle anderen lebten (fast) ohne Geld.

Eine Innviertler Bauerntochter erzählte, dass sie in ihrer Jugend über weniger Geld verfügte als eine Magd, die zumindest ein kleines, aber regelmäßiges Einkommen erhielt. Wenn sie hingegen Geld benötigte, musste sie ihre Mutter um ein paar Groschen bitten. Jede Bäuerin hatte einen kleinen Zuverdienst durch den Verkauf von Hühnereiern. Das war übrigens das einzige Bargeld, über das die Bäuerinnen frei verfügen konnten. Die Mutter zweigte vom „Hühnergeld" ein wenig ab und gab es der Tochter, die damit vielleicht beim Kaufmann ein Stück Stoff oder eine Kleinigkeit am Kirtag kaufte.

Wo wenig Geld vorhanden war, wurde wenig Geld ausgegeben. Ein sparsamer Lebensstil war nicht nur Pflicht, sondern die einzige Möglichkeit, sein Auskommen zu finden. Es ist paradox, dass gerade diese Zeit von meinen Gesprächspartnern als die zufriedenste bezeichnet wird.

Sparsamkeit – nicht zu verwechseln mit Geiz und Knausrigkeit – macht tatsächlich zufrieden. Die US-Psychologin Miriam Tatzel sorgte international für Schlagzeilen, als sie behauptete: „Sparsame Menschen sind sehr glücklich!" Sie wollte herausfinden, welcher Typ von Konsument am zufriedensten ist. Der Schnäppchenjäger? Der, der sich alles leisten kann? Der Konsumverweigerer? Das Ergebnis war überraschend. Am zufriedensten sind zwei Konsumententypen: Die Sparsamen und die Genießer. Der Genießer gibt sein Geld für Erlebnisse, etwa für Reisen oder für Konzerte aus. Der Sparsame ist nicht einer, der nach Sonderangeboten jagt, sondern jemand, der Nein zu Kaufverlockungen sagen kann und der weiß, wann es genug ist. Eher unzufrieden und nicht sehr glücklich sind hingegen Menschen, die nach Statussymbolen, nach teuren Autos, Villen,

Kleidung, Schmuck streben. Diese Menschen haben oft Schulden und sind eher impulsive Käufer.

Dass Geld nicht auf Dauer glücklich macht, merken wir, wenn wir eine Gehaltserhöhung bekommen. Geld spielt durchaus eine große Rolle, wenn wir arm sind. Aber ab einem ausreichenden Einkommen steigt unsere Zufriedenheit nicht weiter an, wenn wir mehr Geld verdienen. Eine Gehaltserhöhung macht nur kurzfristig glücklich, und zwar genau so lange, bis wir uns an den scheinbar besseren und auf jeden Fall teureren Lebensstil gewöhnt haben. Vor nicht allzu langer Zeit waren wir noch zufrieden, wenn wir ein oder zwei Fernsehkanäle in Schwarz-Weiß empfangen konnten. Heute erwarten wir, Dutzende von Sendern empfangen zu können, selbstverständlich farbig und in HD.

DIE QUAL DER WAHL. Die Last, eine Entscheidung angesichts einer unüberschaubaren Auswahl treffen zu müssen, kennt heute wohl jeder. Es beginnt bei der Berufsausbildung. Eine Lehre? Wenn ja, welche? Oder lieber doch eine weiterführende Schule, eine berufsbildende Schule oder gar eine Lehre mit Matura? Alles geht. Soll man danach gleich arbeiten oder lieber eine Hochschule, Universität oder Fachhochschule besuchen? Ein Auslandssemester – ja oder nein? Wehe, man trifft die falsche Entscheidung!

Und erst die Frage nach dem richtigen Lebenspartner. Auch hier scheint alles möglich. Soll man im Bekanntenkreis suchen oder doch lieber im Internet? Und hat man jemanden gefunden – ist er oder sie wirklich der oder die Richtige? Wartet nicht irgendwo da draußen vielleicht noch ein „perfekterer" Partner?

Eine große Drogeriekette warb mit dem Slogan „Mehr Auswahl als es Wünsche gibt". Ist es nicht genau das, was sich Konsumenten wünschen? Man stelle sich vor, eine Kundin will ein Parfum kaufen.

Nun hat sie in diesem Geschäft im wahrsten Sinne des Wortes die Qual der Wahl. Sie kann unter vielleicht hundert Düften wählen. Sie will den einen, den für sie richtigen Duft auswählen und riecht einmal an dem einen Flakon, einmal an dem anderen. Sie prüft lange, bringt einige Parfums in die engere Auswahl und entscheidet sich schließlich nach langem Hin und Her für eines. Aber nein, sollte sie nicht doch ein anderes nehmen ... Vielleicht ein billigeres, ein teureres, ein blumigeres oder doch lieber eines mit einer Zitrusnote?

Hätte die Kundin nur vier oder fünf Parfums zur Auswahl gehabt, dann wäre sie am Ende mit ihrer Wahl wahrscheinlich zufrieden gewesen. So aber bleibt der Zweifel: Wäre nicht doch ein anderer Duft besser gewesen?

Wir stecken in einem Dilemma: Je mehr Auswahlmöglichkeiten wir haben, desto unzufriedener und unschlüssiger werden wir. Barry Schwartz beschreibt das sehr treffend in seinem Buch „Anleitung zur Unzufriedenheit": Je mehr Möglichkeiten es gibt, desto mehr Hätte-ich-Dochs lassen sich finden. Und so wird die Zufriedenheit mit der getroffenen Wahl ständig ein bisschen kleiner. Jeder kennt das Phänomen an der Supermarktkassa. Wo auch immer man sich anstellt, die andere Schlange ist die schnellere, und man denkt sich: „Hätte ich doch ...!"

Wir können uns vor lauter Möglichkeiten schwer oder gar nicht entscheiden, welchen Weg wir einschlagen sollen. Eine ganze Generation ist unentschlossen und hin- und hergerissen: „Vielleicht ja, vielleicht nein." Der Autor des Buches „Generation Maybe" drückt es so aus: „Ich bin ein Maybe. Ich wäre zwar gern keiner, aber es ist nun mal so. Ich tue mir schwer, Entscheidungen zu treffen. Mich festzulegen. Mich einer Sache intensiv zu widmen. Ich sehe all die Optionen vor mir, die Verlockungen einer ultramodernen Welt, in der alles möglich ist. Egal, was wir wollen, was ich will, es ist meist nur einen Mausklick entfernt." So viele Angebote! Und mit jedem Angebot geht die Gefahr einher, sich falsch zu entscheiden und zu scheitern.

DIE GUTE ALTE DORFGREISSLEREI IST EIN GUTES BEISPIEL für Überschaubarkeit. Unendlich viele Wahlmöglichkeiten gab es hier nicht. Wer zum Kaufmann ging, hatte seine Kaufentscheidung schon vorher getroffen, denn erstens hatte man kaum Geld und zweitens gab es dort keine große Auswahl.

Ich traue mich wetten, dass die Kunden der alten Dorfkaufleute zufriedener mit ihren Einkäufen waren als Kunden eines heutigen Supermarktes mit gigantischer Produktauswahl. Dass eine kleinere Auswahl zufriedener macht, lässt sich sogar wissenschaftlich beweisen. In einem Delikatessengeschäft wurden den Kunden zwei Probiertische mit Marmeladen angeboten, einer war mit sechs, der andere mit vierundzwanzig Sorten bestückt. Tatsächlich blieben deutlich mehr Kunden beim Tisch mit der größeren Auswahl stehen. Allerdings konnten sich nur wenige von ihnen zum Kauf entscheiden. Sie grübelten, zweifelten und wirkten verunsichert. Ganz anders dagegen die Kunden, denen die kleine Auswahl vorgesetzt wurde. Sie schienen genau zu wissen, was sie wollen und kauften ein.

Je kleiner die Auswahl, desto sicherer können wir Entscheidungen treffen. Das gilt nicht nur für Marmelade, sondern auch für alle anderen Entscheidungen im Leben. Es muss kein Nachteil sein, nur zwischen wenigen Berufen wählen zu können oder gar einen von den Eltern vorherbestimmten Beruf ausüben zu müssen. Eine Bauerstochter wusste, sie kann entweder als Magd am Hof bleiben, den der Bruder übernimmt, oder einen anderen Bauern heiraten. Der Sohn eines Schmiedes wurde selbst Schmied. Die Tochter eines

Gastwirtes übernahm den Betrieb. Diese Menschen wussten schon als Kind, was auf sie zukommt. Die Arbeitswelt der Eltern war ihnen nicht fremd, wie es heute oft der Fall ist. Die allermeisten dieser Menschen waren sehr zufrieden mit dem ihnen zugefallenen Beruf – ausgesucht haben sie ihn ja nicht.

Wir entscheiden heute über Dinge, die früher nicht zur Diskussion standen, etwa ob man Kinder bekommt oder nicht. Das überfordert uns oft und ist anstrengend. Zusätzlich müssen wir noch jeden Tag Tausende kleine Blitzentscheidungen treffen. Welchen Sender stelle ich im Radio ein? Beantworte ich ein E-Mail sofort oder später? Welche der unzähligen Kekssorten kaufe ich?

Früher waren viele Dinge vorhersehbar. Jeder Tag hatte seinen eigenen gleichbleibenden Rhythmus, jede Arbeitswoche endete in der Sonntagsruhe und jedes Jahr hatte seine immer gleichen Ruhezeiten, Festzeiten und Arbeitszeiten. Diese Regelmäßigkeit schuf Sicherheit. Auf Arbeit folgten Ruhephasen, auf den Alltag ein Fest, auf den arbeitsreichen Sommer der Herbst und der ruhige Winter.

Diese Überschaubarkeit machte zufrieden. Es gab einen roten Faden, der sich durch das Leben zog. In den meisten Fällen, hat man so gelebt, wie schon der Vater und die Mutter gelebt haben. Lebenswege waren vorgezeichnet und festgelegt. Berufsentscheidungen, ja sogar die Partnerwahl waren vorhersehbar. Die Arbeit war zeitweise hart, das Leben auch damals schon ungerecht – aber die Lebenslinien waren klarer als heute. Heute hat man das Gefühl, dass man theoretisch alles erreichen könnte, was man will. Alles scheint machbar, wenn man nur die richtigen Entscheidungen trifft und sich genügend anstrengt.

Die Alten waren gelassen, weil sie zufrieden waren. Diese Gelassenheit war eine Art Urvertrauen: „Es wird schon werden!" Eine innere Sicherheit, die langsam reifen durfte, weil das Leben so überschaubar war. Man war zufrieden, weil man sich in seinem Leben auskannte.

DAS FACH „GLÜCK" WIRD HEUTE SOGAR IN DER SCHULE UNTERRICHTET. Interessanterweise lässt sich aber keine einzige Schule finden, die das Fach „Zufriedenheit" auf ihrem Stundenplan hat. Alle wollen glücklich sein, aber keiner sucht nach Zufriedenheit?

Von Glück war in meinen Gesprächen eher selten die Rede. Manchmal erzählten Menschen von einer glücklichen Kindheit – interessanterweise mehr Frauen als Männer. Die eine oder andere Sennerin bezeichnete die Zeit auf der Alm als „glücklich". Sonst kam das Wort *Glück* praktisch nie vor. In über 100 Stunden Gesprächszeit mit Dutzenden Personen in fast ganz Österreich wurde Glück als Gemütszustand nur ein paar Mal erwähnt, dafür war unzählige Male von Zufriedenheit die Rede.

Was können wir von den Alten lernen? Ein zufriedenes Leben macht mehr aus, als sich den Stress einer übergroßen Auswahl zu ersparen. Mehr als die Entscheidung zu treffen, mit dem, was man hat, zufrieden zu sein und sich keine unerreichbaren Ziele zu stecken. Es ist das Gesamtpaket der alten Lebensweise, auf die wir schauen sollten: auf den Lebensrhythmus, auf die Gemeinschaftspflege, auf die Rituale und Gewohnheiten, auf die Art und Weise, mit Tempo und Zeit umzugehen. Auch die Kleinigkeiten, die letztlich große Bedeutung haben, sollten wir nicht außer Acht lassen: Humor, Dankbarkeit, Vorfreude, Warten Können, Singen und Musik. Und nicht zuletzt, das Wissen und die Weisheit der Alten zu achten und zu respektieren. All das macht zufrieden, ja, vielleicht sogar glücklich.

DER UMGANG MIT DER ZEIT
Eines nach dem anderen statt alles auf einmal

EIN BAUERNSOHN ERZÄHLTE folgende Geschichte: Der Schmied seines Dorfes trat jeden Tag um Punkt 12, wenn die Glocken läuteten, vor seine Werkstatt, nahm seine Kappe ab und betete ein „Gegrüßet seist du Maria". Kam nun eines der Dorfkinder gerade dazu, musste es sich auch dazustellen und mitbeten. An ein Vorbeikommen war nicht zu denken. Das „Zwölfebeten" war der Brauch und wurde eingehalten.

Diese kleine Geschichte zeigt, wie das Läuten der Glocken den Tag der Menschen prägte und einteilte. Ein französisches Sprichwort sagt: „Eine Stadt ohne Glocken ist wie ein Blinder ohne Stock." Das Morgenläuten, Mittagsläuten und Abendläuten zeigte nicht nur die Stunde an und rief zum Arbeitsbeginn, zum Mittagessen und zum Feierabend, es rief auch zu einem kurzen Innehalten und Gebet auf. In Bayern zeigten die Glocken sogar an, bis zu welchem Zeitpunkt man Weißwürste essen durfte. Man sagte: „Die Weißwürscht dürfen das Elfeläuten nicht hören!" Gemeint ist damit, dass die leicht verderblichen Weißwürste in Zeiten ohne Kühlschrank zur Vormittagsjause gegessen werden mussten.

Die Uhren der Glockentürme zeigten wohl die Zeit an, wenngleich sie lange, bis ins 19. Jahrhundert, nur einen einzigen Zeiger hatten, nämlich den Stundenzeiger. Der Minutenzeiger wurde nicht gebraucht. Es kam nicht auf die Minute an!

Pünktlichkeit bezog sich auf Zeiträume, nicht auf einen Zeitpunkt. Ein schönes Beispiel dafür sind die sogenannten Besuchstage. Es gab einige traditionell festgelegte Tage im Jahr, an denen Verwandte und die Taufpatin besucht werden konnten. Das war zu den Weihnachtsfeiertagen meist der 26. Dezember für die Verwandten und zu Allerheiligen und Ostern für die Patin. Im Winter wurden die Rosse eingespannt und man fuhr mit dem Schlitten, in den anderen Fällen ging man aber zu Fuß – und das stundenlang. Man kam an, wenn man da war – das war von Jahr zu Jahr unterschiedlich – meist irgendwann im Laufe des Vormittags.

Robert Levine beschreibt in seinem Buch „Eine Landkarte der Zeit" wie unterschiedlich in den verschiedenen Ländern der Erde Zeit wahrgenommen wird. Er fand heraus, dass das Lebenstempo in der Schweiz am höchsten und in Mexiko am niedrigsten ist. Er unterscheidet Uhr-Zeit und Ereignis-Zeit, wobei er die westlichen Kulturen der Ersteren zurechnet. Der Zeitforscher Karlheinz Geißler warnt vor einer Zerstörung der fremden Zeitkulturen, in der weniger die Uhrzeit als Rhythmen und Zyklen eine Rolle spielen.

Auch die alte Zeitkultur, von der hier die Rede ist, und die sich nicht in Minuten und schon gar nicht in Sekunden messen ließ, ist stark bedroht oder bereits zerstört. Diese Zeit war nicht geprägt durch die Uhrzeit, die den Tag taktet, in Stücke zerlegt und in kleine Scheibchen gliedert, sondern sie war aufgabenbezogene Ereignis-Zeit. Jeder Tag, jede Woche, jede Jahreszeit hat bestimmte Aufgaben und einen unverwechselbaren Rhythmus.

WENN ES LICHT WURDE, begann der Arbeitstag. Er dauerte im Sommer länger und war im Winter kürzer. Der natürliche „Lichttag" war auch lange Zeit die Definition für den „Tag" überhaupt. Die Römer sahen den Sonnenaufgang als Tagesbeginn. Wenn wir in der Osterliturgie hören, dass Jesus um die neunte Stunde gestorben ist, dann heißt das, von 6 Uhr morgens gezählt, um 3 Uhr Nachmittag.

Zeitgeber war nicht die Uhr, sondern die Sonne als Naturzeitmaß. Ein Tag begann mit dem Aufgang der Sonne und endete mit ihrem Untergang.

Selbstverständlich kannten unsere Alten die Uhrzeit-Stunde, aber sie spielte kaum eine Rolle. Nicht einmal die Arbeitszeit wurde danach bemessen. Ein arbeitsreicher Tag war einer, der von „der Finstern zur Finstern" dauerte, also im Morgengrauen begann und in der Dunkelheit endete. Ein Taglöhner wurde nicht nach Stunden entlohnt, sondern arbeitete einen „ganzen Tag", einen „Halbtag" oder einen „Vierteltag".

Ein Tischlermeister in Waizenkirchen in Oberösterreich bezeichnete in einem Gespräch das Viertel eines Tages noch als „Isetz". So nannte man in dieser Gegend die Zeit vom Morgen bis zur Vormittagsjause, von da bis Mittag, von Mittag bis zur Nachmittagsjause oder von dieser bis zum Abend. Man brauchte diese Festlegungen vor allem bei Gemeinschaftsarbeiten wie dem Dreschen. Jeder Bauer half beim anderen jeweils so viele Tage, Halbtage und Vierteltage mit, wie es seinem eigenen Grundbesitz entsprach. Das abstrakte Zeitgitter der Stundeneinteilung war nicht nötig. Das heißt, es kam in dieser Kultur nicht auf die Stunde und auch nicht auf die Minute an.

Interessanterweise entspricht diese alte Tageseinteilung ziemlich genau den täglichen Gebetszeiten nach den Ordensregeln des heiligen Benedikt: Sonnenaufgang, Mitte des Vormittags, Mittag, Mitte des Nachmittags, später Nachmittag und Sonnenuntergang (sowie Mitternacht).

Auch die Namen vieler Berggipfel erinnern uns an die Sonne als Zeitgeber: Zwölferkogel, Mittagsspitz, Neunerkogel, Elfer, Zehner, Einser. Der Gipfel diente als eine Art Sonnenuhr. Man wusste, steht die Sonne senkrecht über dem Mittagskogel, ist es 12 Uhr Mittag. In Sexten in Südtirol kann man gleich eine komplette Bergsonnenuhr betrachten. Vom Standpunkt Bad Moss aus gesehen, wandert die Sonne vom Neuner zum Zehner und Elfer, dann zur Mittagsspitze und von dort weiter zum Einser. Der Name Sexten kommt vermutlich aus dem lateinischen *sexta hora*, sechste Stunde, für 12 Uhr Mittag.

WANN IST ES ZEIT? Der Kochofen ist ein markanter Berg in den Schladminger Tauern. Die Bauern des Sölktales beobachteten ihn im späten Frühjahr besonders genau, denn er zeigte den richtigen Zeitpunkt für die Almfahrt an. Jeder im Tal kannte den dazupassenden Spruch: „Ist der Kochofen wie eine gscheckate Kalm (gescheckte Kalbin), oft fahren Broatlahner auf die Alm. Ist der Kochofen wie ein grüner Hut, ist es auf allen Almen gut." Das heißt: Wenn am Kochofen noch Schneereste zu sehen sind, kann man nur auf die Breitlahnalm auffahren. Erst wenn die Weide schön grün ist, können alle Almen befahren werden.

Der richtige Zeitpunkt war eine Sache der Erfahrung und der guten Beobachtung. Wann soll gesät und wann angepflanzt werden? Wann soll das Holz geschlagen werden? Eine Person, meistens der Bauer, traf nach reiflicher Überlegung diese Entscheidung: Jetzt ist es Zeit!

Viele alten Rauchküchen hatten ein erstaunliches Detail: der Kamin über dem offenen Feuer, durch den der Rauch abzog, war oft aus Holz. In einem Kärntner Bauernhaus existierte ein derartiger Holzkamin mehr als 300 Jahre lang ohne je Feuer gefangen zu haben oder morsch geworden zu sein. Man sagt, das Holz für diesen Kamin wurde zum richtigen Zeitpunkt geschlagen.

Das Prinzip des rechten Zeitpunkts ist nach und nach durch den optimalen Zeitpunkt abgelöst worden. Der feine Unterschied liegt darin, dass der optimale Zeitpunkt aktiv mitgestaltet wird, während der rechte Zeitpunkt durch die Natur und durch überlieferte Erfahrungswerte mehr oder weniger vorgegeben ist. Nehmen wir das Holz. Der rechte Zeitpunkt, um Bauholz zu schlagen, ist in der Zeit der Saftruhe im Winter bei abnehmendem Mond. Der optimale Zeitpunkt (für ein Unternehmen) hingegen ist dann, wenn genügend Holzarbeiter verfügbar sind, die Umstände passen und das geschlägerte Holz bald verkauft werden kann. Das kann heutzutage durchaus im Sommer sein, dann wird das Holz eben vakuumgetrocknet.

„Michaeli ist der Erdäpfel fertig und zu Allerseelen das Kraut." Das ist altes Erfahrungswissen einer oberösterreichischen Bauernfamilie. Um den 29. September war der richtige Zeitpunkt, um die Kartoffeln zu ernten. Allerseelen war von altersher der Stichtag, um das Kraut einzubringen und im Dezember, um den Nikolotag herum, wurde es gehobelt. „Bartlmei schlagt's Groamat auf's Hei" bedeutet, dass zu Bartholomäus, am 24. August, der zweite Heuschnitt, das Grummet, erfolgen sollte.

Man beachte, dass diese Stichtage nicht als Kalendertage festgelegt sind. Auch das ist eine Eigenart der alten Zeitkultur, niemals einen Tag als Datum festzulegen, sondern ihn immer mit dem entsprechenden Heiligennamen zu nennen. Damit wird das Jahr nicht durchgezählt, vom 1. Januar bis zum 31. Dezember, sondern es wird rhythmisch gegliedert über Josefi, Georgi, Laurenzi, die Jakobstage, den Andreastag, den Leonhardstag bis Martini, Leopoldi und Kathrein. Die Letzte übrigens, auch ein Stichtag, „stellte den Tanz ein". Ab dem Kathreinstag, dem 25. November, bis zum Faschingsbeginn, dem Dreikönigstag am 7. Januar, herrschte Tanzverbot. Schlimm? Nicht unbedingt. Ganz offiziell durften jetzt ruhige, besinnliche Wochen des Innehaltens beginnen. Der Kathreinstag sagte es an: „Jetzt ist es Zeit."

EINE GESCHICHTE ÜBERS ZEITSPAREN. Die Mäher wussten, dass sich taunasses Gras mit der Sense leichter schneiden lässt. Deshalb begannen sie in der Nacht um 2 oder 3 Uhr zu mähen und hörten erst auf, wenn die Sonne den letzten Tau getrocknet hatte, also gegen neun. Ein guter „Mahder" war ein hochangesehener Mann. Er mähte nicht mit Kraft, sondern mit Geschicklichkeit. Deshalb konnte ein guter Sensenmäher bis zu fünf Stunden ohne Pause durcharbeiten.

Die Mäher standen in einer festgesetzten Formation. Der erste, der zweite, der dritte, der vierte Mäher, hintereinander in abgesetzter Reihe. Sie mähten in gleichmäßigem Rhythmus und bewegten sich dabei langsam vorwärts. Stehen blieb man nur, um die Sense am Wetzstein, den jeder in einem Horn an seinem Gürtel mitführte, zu wetzen. Die Klinge selbst hatte jeder bereits am Vorabend gedengelt, also geschärft. Das typische Geräusch, wenn der Hammer dabei auf die Sensenklinge traf, war an den warmen Sommerabenden in allen Dörfern zu hören.

Alte, erfahrene Mäher führten die Reihe an, die Schwächeren und Jüngeren folgten. Es war eine Schande und dem Betroffenen äußerst peinlich, wenn er eingeholt wurde. Jetzt hektisch zu werden half auch nicht, denn beim Mähen konnte man Tempo nicht erzwingen. Es war die Frucht langer Übung.

Nach dem Mähen verstreuten die Frauen das Futter, wie das gemähte Gras gemäß seiner Endbestimmung genannt wurde, mit der Heugabel gleichmäßig über die ganze Wiese, damit es trocknete. Dann, nach einer Weile, meist am Nachmittag, wurde das Heu „umgekehrt", das heißt gewendet. Gegen Abend wurde es zu kleinen Heuhaufen zusammengerecht. Am nächsten Tag das Gleiche wieder, verstreuen und wenden. Nun endlich war das Heu ganz leicht und dürr geworden, es raschelte und duftete und wurde mit dem Pferdegespann heimgeführt und auf dem Heuboden gelagert.

Heute wird die gleiche Arbeit von einer einzigen Person in nur drei Tagen erledigt. Früher, als noch mit der Hand gemäht wurde, brauchten mehrere Leute für die gleiche Fläche drei bis vier Wochen.

Diese Zeitersparnis hat ihren Preis. Der Rhythmus der Maschine, in diesem Fall der Mähmaschine, ist ein anderer als der innere Rhythmus eines Menschen. Nicht zufällig passieren die meisten Unfälle kurz nach dem Einschalten von Maschinen, wenn das Gerät bereits in vollem Tempo läuft, der Mensch aber noch nicht „auf Touren" ist. Unabhängig von unserem inneren Rhythmus, ob wir müde sind oder nicht, ob es hell ist oder dunkel, arbeitet die Maschine immer gleich schnell. Sie passt sich nicht an unseren Rhythmus an, sondern wir uns an den ihren.

Ein kluger Bauer erklärte mir dazu im Prinzip das, was man heute in Ratgebern zum Thema Zeit nachlesen kann: „Ich habe früher den ganzen Tag mit der Hand gemäht. Heute sitze ich den ganzen Tag auf der Mähmaschine. Ich war früher nach vielen Stunden körperlicher Arbeit müde und ich bin es heute auch noch. Aber es ist eine andere Form von Müdigkeit. Wenn ich vom Traktor steige, bin ich wie gerädert. Früher war ich angenehm erschöpft, heute bin ich nach einem langen Tag auf der Maschine richtig ausgelaugt. Wenn ich beschreiben sollte, wie es mir da geht, würde ich sagen, die Maschine treibt mich. Sie macht mir Stress. Schneller, schneller. Das Gleiche, wenn ich eine Motorsäge in der Hand habe. Es schaut ja so leicht aus, wenn du mit der Motorsäge arbeitest. Du musst ja nur Gas geben und schon geht es dahin. Aber auch sie treibt mich an. Automatisch. Ruckzuck musst du fertig sein. Und beim Autofahren ist es das Gleiche. Warum, glaubst du, fahren alle so schnell? Weil das Tempo sie antreibt!"

EINES NACH DEM ANDEREN, das war ein Grundsatz der alten Arbeitsweise. Man begann sein Tagwerk am Morgen und tat, was zu tun war. Nacheinander, nicht gleichzeitig – denn alles hatte seine Zeit: die Arbeiten eines Tages, einer Woche, eines Monats. Sie gingen Hand in Hand. War die eine getan, konnte die nächste begonnen werden. Die Zeit drängte nur dann, wenn etwa bei der Heuarbeit ein Gewitter drohte. Sonst gab es keine Hektik, denn es kam nicht darauf an, die Arbeit so schnell wie möglich zu machen, sondern so gut wie möglich.

Wir machen viele Dinge gleichzeitig und sind stolz darauf. Wer das kann, ist „multitaskingfähig". Wissenschaftler am Londoner King's College wollten herausfinden, wie sehr es die Leistungsfähigkeit beeinträchtigt, wenn wir in unserer Arbeit ständig unterbrochen werden. Sie stellten zwei Kontrollgruppen dieselben mittelschweren Aufgaben. Die einen wurden ständig von E-Mails unterbrochen, die anderen mussten oder durften – je nachdem, wie man es betrachtet – Marihuana rauchen. Das verblüffende Ergebnis: die bekifften Versuchspersonen schnitten beim Lösen der Aufgaben bedeutend besser ab.

Das Phänomen „Multitasking" ist ein Mythos, der nicht funktioniert. Ja, wir können eventuell noch Geschirrspülen und dabei ein Gespräch führen. Was wir nicht können, ist in kurzen Abständen zwischen verschiedenen Aufgaben konzentriert hin- und herzuwechseln. Eine Multitasking-Studie mit hochbegabten Harvard-Studenten zeigte, dass ihre Gedächtnisleistung nach kurzer Zeit, in der sie verschiedene Aufgaben gleichzeitig bewältigen mussten, auf die von 8-jährigen Kindern sank. Unser Gehirn filtert Informationen automatisch auf die von uns wahrnehmbare Menge. Wenn wir also telefonieren und dabei der Fernseher läuft, können wir uns nur auf eines von beiden konzentrieren.

Kann man es erlernen, mehrere Dinge gleichzeitig zu erledigen? Ist das eine Fähigkeit, die der moderne Mensch einfach beherrschen muss? Eine Studie der Universität Standford belegt das Gegenteil. Zwei Gruppen traten gegeneinander an. Die einen waren es gewohnt, in ihrem Job viele Tätigkeiten gleichzeitig auszuführen, die anderen hatten keine Erfahrung darin. Nun bekamen beide Gruppen verschiedene Aufgaben, die sie gleichzeitig bewältigen mussten. Das erstaunliche Ergebnis: Diejenigen, die im Multitasking gar nicht geübt waren, schnitten positiver ab. Sie konnten wesentlich besser wichtige von unwichtigen Informationen unterscheiden.

BEETHOVEN BRAUCHTE bei der Uraufführung seiner Sinfonie „Eroica" im Jahr 1804 rund 60 Minuten. Leonard Bernstein dirigierte das Stück in Wien im Jahr 1980 in 53 Minuten und 20 Sekunden. Herbert von Karajan hat es in 50 Minuten und 10 Sekunden geschafft, und Michael Gielen benötigte für die Sinfonie 1987 gar nur mehr 43 Minuten. Wir gehen heute schneller als früher, wir essen schneller, wir lesen schneller, ja sogar Musik wird heute schneller gespielt als früher.

Am Ende des Tages sind wir erschöpft. Und: „Stolz sind wir nicht mehr auf das geleistete Tagwerk, das Werkstück, das fertiggestellt oder repariert wurde. Stolz sind wir heute auf den Grad der Erschöpfung, den wir uns im Lauf des Arbeitstages erkämpft haben. Wir wissen zwar nicht mehr genau, was wir gemacht haben, und mit welchem Sinn wir es betrieben haben. Aber an der bleiernen Müdigkeit erkennen wir doch, dass wir uns rechtschaffen abgearbeitet haben." (Quelle: Zeit online, Stephan Grünewald: Wenn Unruhe die Träume verdrängt.)

Die alte bäuerliche Welt kannte einen Parameter für ein angemessenes Tempo, das uns nicht auslaugt: das Tagwerk. Damit bezeichnete man jene Fläche, die ein Ochsengespann an einem Tag pflügen konnte. Sie umfasste genau 1 Joch. Die Hälfte davon ist 1 Morgen. Das ist in etwa jene Leistung, die man an einem Vormittag vollbringen kann. Eine solche Tagesleistung überforderte den Menschen nicht. Arbeitspensum und Zeit standen im Einklang miteinander und waren überschaubar.

Ochsen gehen langsam, aber beständig. Sie sind ein gutes Bild für das alte, angemessene Tempo. Ochsen lassen sich nicht antreiben. Dennoch sind sie sensible Tiere, die sich, wenn sie gut behandelt werden, geduldig führen lassen. Gar nicht selten wurden Ochsen mit Pferden zusammengespannt. Ein solch ungleiches Gespann konnte nur gut geführt werden, wenn der Gespannführer seine Tiere und ihr Temperament gut kannte. Wichtig war nicht das Tempo, in dem sie zogen, sondern das Gleichmaß und die Harmonie. Es kam nicht darauf an, so schnell wie möglich fertig zu sein, sondern das Wichtigste war eine schöne, gerade Pflugspur. Schiefe Reihen auf dem Acker waren eine Schande und auf so ein Tagwerk war keiner stolz.

WANN IST FREI-ZEIT? Das Wort Arbeitszeit gibt es erst seit etwa 200 Jahren. Das bäuerliche Zeitverständnis besteht jedoch schon viel länger. Es heißt: Alles hat seine Stunde. So steht es auch in der Bibel im Buch Prediger: „Alles hat seine Stunde, und eine Zeit ist bestimmt für jedes Vorhaben im Himmel: Eine Zeit fürs Geborenwerden, und eine Zeit fürs Sterben, eine Zeit zum Pflanzen und eine Zeit, das Gepflanzte auszureißen."

Ein Mensch, der in dieser Zeitkultur lebt, für den sind die innere Geschwindigkeit und die äußere Geschwindigkeit ein und dasselbe. Ein Tag beginnt bei Sonnenaufgang oder auch früher und damit beginnt die Arbeit. Man arbeitet gemächlich, gönnt sich drei bis vier Pausen und macht im Sommer gegen 18, 19 Uhr und im Winter gegen 16, 17 Uhr Feierabend.

Der Zeitdruck kommt erst dann, wann man auf die Uhr schaut. Man will Zeit sparen und beginnt die Zeit zu zerstückeln. Man denkt: „Ich will mich beeilen, damit ich bis 15 Uhr fertig bin und dann endlich Freizeit habe!" Hat man endlich Freizeit, will man die Zeit nicht ungenutzt verstreichen lassen. Man zerteilt auch die freie Zeit in kleine Zeiteinheiten – Joggen, Kinobesuch, Fitnessstudio, Sprachkurs – und gewinnt dabei den Eindruck, dass die Zeit immer schneller und schneller vergeht. Es ist paradox: je mehr wir Zeit gewinnen, Zeit sparen und die Zeit kontrollieren wollen, desto schneller scheint sie an uns vorbeizuziehen.

Genau das Gegenteil war früher der Fall. Zeit wurde nicht gespart, nicht gewonnen – und auch nicht gemessen. Man sah bei der Arbeit nicht auf die Uhr und rechnete die Arbeitszeit nicht nach Stunden. Freie Zeit gab es dennoch, obwohl es keinen Urlaub in heutigen Sinn gab: Samstagnachmittag und Sonntag waren strikt arbeitsfrei. Außerdem gab es eine große Zahl an sogenannten Bauernfeiertagen, an die dreißig im Jahr, an denen nicht oder nur wenig gearbeitet wurde. Auch an Regentagen und in den Wintermonaten ging man es gemächlich an.

Eine Uhr war ein Schmuckstück und eine Wertanlage, aber kein Gebrauchsgegenstand. Nur am Sonntag holte man die Taschenuhr aus der Lade und befestigte sie mit der Uhrkette an der Weste des Feiertagsanzugs. Wollte man wissen, wie spät es ist, brauchte es mehrere Handgriffe, bis man die Uhr aus der Westentasche geholt und umständlich aufgeklappt hatte. Dies war mehr ein Ritual als ein dringendes Bedürfnis, tatsächlich die Uhrzeit zu erfahren.

Was heute viele nicht mehr wissen: Am Sonntag nach dem Kirchgang öffneten in den Dörfern die Geschäfte, das Gemeindeamt und die Bank für kurze Zeit. Die Leute konnten so ohne Zeitdruck ihre Termine wahrnehmen, beim Kaufmann Besorgungen erledi-

gen und bei der Raiffeisenkassa Geld abheben. Auf diese Art erspar-
ten sie sich lange Anfahrten an den Wochentagen und reduzierten
den „Termindruck" auf ein Minimum.

DER FAKTOR BESCHLEUNIGUNG hat vieles verändert. Alles wird nicht nur
schneller, sondern auch aufwendiger. Der Soziologe Hartmut Rosa
erklärt dies am Beispiel der Nachrichtenflut: Eine E-Mail lässt sich
zwar deutlich schneller schreiben als ein herkömmlicher Brief, aber
ersparen wir uns damit wirklich Zeit? Viele von uns schreiben und
lesen 40, 50 und mehr Mails am Tag und brauchen dafür weitaus
mehr Zeit als für den Briefverkehr vor der Erfindung des Internets.

Dasselbe gilt für das Auto: Natürlich ist es viel schneller als ein
Fuhrwerk oder als zu Fuß zu gehen, aber dafür fahren wir unendlich
viel mehr damit herum – oder stehen im Stau. Im Londoner Stadt-
verkehr beträgt die Durchschnittsgeschwindigkeit während der Stoß-
zeiten nur 16 km/h – also nur wenig mehr als zur Zeit der Kutschen!

Man hat keine Zeit mehr, dafür wird heute viel über die Zeit
geredet. Man fand heraus, dass die zwei am häufigsten gebrauch-
ten Substantive in unserem Sprachgebrauch die Wörter „Zeit" und
„Mama" sind. Wer weiß, vielleicht sogar im Zusammenhang „Mama
hat keine Zeit"?

Darum zum Schluss noch ein Ratschlag eines alten, erfahrenen
Bauern zum Thema „Zeit sparen": „Den Feierabend musst du in der
Früh suchen!" Damit meint er nicht, wir sollten schneller arbeiten,
um früher fertig zu sein. Sondern er meint, wir sollten früh ge-
nug aufstehen und den Vormittag, die beste Arbeitszeit, ausnutzen.
Dann kann man sich am Feierabend zufrieden hinsetzen und voll
Stolz auf sein Tagwerk zurückblicken.

AUS! SCHLUSS! FEIERABEND!

Die Kraft der Sonntagsruhe

WER BEI GOOGLE den Begriff *Wochenende* eingibt, bekommt als Suchoption *Wochenende saufen* angeboten. Auch wer nicht draufklickt, bekommt trotzdem ein YouTube-Video angezeigt, das sich *Endlich Wochenende! Saufen!! Geil!!!* nennt. Wer das Video anklickt, was ich niemandem empfehle, hört einen schwer adipösen jungen Mann die oben genannten vier Worte und außerdem „F... sch...arbeit!" brüllen.

Wer ab Donnerstag das Radio aufdreht, hört Vorausblicke auf das, was alle herbeisehnen: das Wochenende. Am Freitag sind alle in Hochstimmung, als ob jetzt erst das Leben beginnen würde. Am Samstag ist die Welt noch in Ordnung, aber spätestens am Sonntagabend kommen viele in einen mehr oder weniger depressiven Zustand, weil das Wochenende zu Ende ist.

Den Begriff Wochenende gibt es im Deutschen erst seit dem frühen 20. Jahrhundert. Das Wort ist eine Übersetzung des englischen *weekend* und ersetzte nach und nach den alten Begriff *Feierabend*. Feierabend bezeichnete ursprünglich den Abend vor einem Feiertag, in diesem Fall vor dem Sonntag, hatte also mit Feiern im Sinn von *festlich feiern* zu tun und rein gar nichts mit Feiern im Sinn von *Partymachen*. Allmählich änderte sich der Begriff und bezeichnete schließlich nur mehr den arbeitsfreien Abend eines Werktages oder das Arbeitsende überhaupt. „Endlich Feierabend" heißt: „Endlich arbeitsfrei!"

Heute beginnt das freie Wochenende üblicherweise freitagmittags, spätestens freitagnachmittags. Noch bis in die 1960er-Jahre wurde generell bis samstagmittags gearbeitet. Erst mit Einführung der 40-Stunden-Woche wurde der Samstag schließlich ganz arbeitsfrei.

Nun müsste man meinen, die neu gewonnene Freizeit würde den Menschen helfen, einen ausgeglichenen Rhythmus zwischen Arbeit und freier Zeit zu finden. Aber die sogenannte Work-Life-Balance wird umso mehr zum Thema, je mehr wir jede einzelne der etwa 59 Wochenend-Stunden optimal und perfekt nutzen wollen.

Wenn die Arbeit als lästige Unterbrechung des Lebens angesehen wird, dann wird das Wochenende zum Heilsversprechen. Das macht Stress. Man will jede Minute ausnützen und das ab der ersten freien Sekunde. Es geht darum, so schnell wie möglich vom Arbeitsmodus in den Wochenendmodus zu kommen.

Der Übergang vom Werktag zum Sonntag dauerte früher einige Stunden. Viele Dinge waren zu erledigen und vorzubereiten. Das Feierabendritual war bei jeder Familie ein wenig anders, aber im Prinzip bei allen gleich. Es war eine Art Transformation, bei der der Mensch mit dem Sonntagskleid auch die Sonntagsstimmung anzog.

ES IST SAMSTAGNACHMITTAG, DREI UHR. Die Vesperglocke am Kirchturm läutet den Feierabend ein. Sie ist für alle das Signal, jetzt mit der Arbeit aufzuhören. Die Wochenendruhe beginnt. In der Küche wird ein Holzschaff oder eine Blechbadewanne aufgestellt und mit heißem Wasser gefüllt. Die Menschen legen ihre Alltagskleidung ab, baden und ziehen danach das schöne Sonntagsgewand an.

Ab jetzt bis zum Sonntagabend ist arbeitsfrei. Es werden nur mehr die nötigsten Handgriffe getan. Der Samstag leitet die heilige Sonntagsruhe ein. Als sichtbares Zeichen trägt man nun andere Kleidung und isst andere Speisen. Das Essen am Samstagabend ist zwar noch nicht so festlich wie das Sonntagsessen, aber es unterscheidet sich dennoch deutlich vom Werktagsessen. Am Samstagabend gibt es eine Speise, die es nur an diesem Abend gibt und sonst nie. Danach folgt das Samstagabendgebet. Jetzt ist der Übergang vom Werktag zum Ruhetag innerlich und äußerlich vollzogen.

Diesem Ritual ging geschäftiges Treiben voraus. Nicht nur die Menschen putzten sich heraus, auch das Haus wurde gründlich gesäubert. In vielen Häusern wurden die Holzböden gerieben und mit Öl neu eingelassen, Küche, Stube und Vorraum geputzt. Das hört sich dramatischer an als es war, da die Häuser für heutige Verhältnisse karg möbliert und sparsam ausgestattet waren.

Ganz wichtig: Für den Sonntag wurde noch ein Kuchen, meistens ein Guglhupf, gebacken. Das Haus duftete nach Backwerk, die Böden rochen frisch gebohnert und auch die Menschen hatten sich den Schweiß der Arbeitswoche abgewaschen.

Was hier beschrieben wird, ist ein kraftvolles Übergangsritual. Mit allen Sinnen erlebte man das Feiertagsgefühl: Man hörte die Glocken, man roch die Düfte, man schmeckte besondere Speisen, und man spürte das feine Leinen auf der frisch gewaschenen Haut.

Aber damit nicht genug – alles steigerte sich noch am Sonntag. Zum Kirchgang trug man das allerbeste Gewand, das sich vom „schönen" Gewand des Samstagnachmittags unterschied. Wer es sich leisten konnte, besaß sogar noch ein zweites Feiertagsgewand, das nur bei der eigenen Hochzeit und an den hohen Festtagen getragen wurde.

Frauen heirateten übrigens im dunklen Hochzeitskleid oder Hochzeitskostüm. Männer, wie heute, im dunklen Anzug. Diese maßgeschneiderten, besonders hochwertigen Kleidungsstücke hielten ein ganzes Leben. Da die Menschen selten besonders dick wurden, genügten kleine Änderungen und diese Kleidungsstücke passten bis ins hohe Alter. Am Ende wurde man damit aufgebahrt und begraben.

Das Sonntagsessen verdiente tatsächlich diesen Namen. Es gab zum Beispiel Nudelsuppe mit selbst gemachten Nudeln, gebackenes oder gebratenes Huhn (an einem Werktag wäre niemals ein Huhn geschlachtet worden) und als Nachspeise vielleicht Weinchadeau – lauter Speisen, die in ihrer Art und Zubereitung allein dem Sonntag vorbehalten waren.

Danach war frei. Jeder konnte tun, was er wollte. Ein paar Stunden waren absolut arbeitsfrei, bis am Abend wieder die Stallarbeit zu erledigen war.

DAS SCHOKOLADE-EXPERIMENT hilft uns zu verstehen, welch wohltuende Wirkung all diese Handlungen entfalten konnten. Wie ist es möglich, dass ein paar feste Gewohnheiten den Rahmen bieten, in dem man leicht und entspannt ins Wochenende gleiten kann?

An der Universität Minnesota wurden Schokoriegel an Versuchspersonen verteilt. Eine Hälfte führte vor dem Verzehr der Schokoriegel ein kleines Ritual aus: die Süßigkeit wurde in zwei Hälften gebrochen, ohne sie vorher auszupacken. Dann durfte ein Stück ausgewickelt und gegessen werden, danach erst das zweite. Wer die Schokoriegel auf diese Art aß, ließ sich mehr Zeit zum Kauen, schätzte den Preis höher ein und fand sie auch wohlschmeckender als jene Personen, die sie ohne Ritual gegessen hatten.

Das Gleiche funktionierte auch in ein wenig abgewandelter Form mit Wein und sogar mit Karotten. Immer schmeckte das Produkt besser, wenn man damit ein kleines Ritual verband.

Wo liegt das Geheimnis? Wie kann eine Schokolade anders

schmecken, wenn man sie nicht einfach nur isst, sondern vorher ein paar Handgriffe tut?

Laut Studienleiterin Kathleen Vohs liegt die Begründung dieser Phänomene darin, dass die Durchführung von Ritualen eine meditative und stressreduzierende Wirkung hat. Man bereitet sich innerlich auf den bevorstehenden Genuss vor, und darum schmeckt es besser.

Sogar im Kernspintomographen ließ sich die wohltuende Wirkung von ritualisiertem Verhalten nachweisen. Nach jedem kleinen Ritual war das Belohnungszentrum im Gehirn aktiviert.

Nehmen wir also an, dass auch das Anziehen von Sonntagskleidung seine Wirkung hat. Kommt jetzt noch so etwas wie das Samstagnachmittag-Baderitual dazu und die verschiedenen Festtagsspeisen, vielleicht noch ein extra schön gedeckter Sonntagstisch – man müsste sich auf der Stelle feierlich, entspannter und wohler fühlen.

Heute weiß man, dass ständige Wiederholungen eines Rituals unser Gehirn formen. Das Samstagnachmittag-Feierabend-Ritual war immer gleich. Jede Woche. Jahrelang. Durch ständige Wiederholungen (und die Erinnerung daran) wird im Gehirn eine eigene Wirklichkeit geschaffen, die Auswirkungen auf unsere Gefühle und unser Wohlbefinden hat.

Jeder kennt das. Eine feine große Tasse Tee am Morgen oder der erste Kaffee im Büro helfen uns, in den Tag zu starten. Eigentlich ist es simpel – man riecht den Duft des Kaffees, nimmt einen Schluck und schon fühlt sich alles besser an.

So war es früher mit dem Feierabend. Er ließ eine Art Sonntagsgefühl entstehen und das sichere Wissen, dass man jetzt den Werktag hinter sich gelassen hat.

Und da war noch eine wichtige Sache: Man konnte es sich nicht aussuchen, ob man Feierabend machte oder nicht. Man musste, ob man wollte oder nicht.

WIE DER JÜDISCHE SCHABBAT, so war auch die Sonntagsruhe verordnet und ein Gebot. Beide begründen sich mit 2. Mose 20, 8-11, wo es heißt: „Gedenke des Sabbattages, dass du ihn heiligst. Sechs Tage sollst du arbeiten und alle deine Werke tun. Aber am siebenten Tage ist der Sabbat des Herrn, deines Gottes. Da sollst du keine Arbeit tun, auch nicht dein Sohn, deine Tochter, dein Knecht, deine Magd, dein Vieh, auch nicht dein Fremdling, der in deiner Stadt lebt." Keiner soll am siebenten Tag arbeiten. Warum? Gott befasste sich sechs Tage lang mit der Erschaffung von Himmel und Erde und dann, am siebenten Tag wurde das Werk vollendet – mit der Errichtung einer heiligen Ruhezeit. Der jüdische Philosoph Abraham Herschel schrieb dazu: „Was wird am siebenten Tag erschaffen? Ruhe, heitere Gelassenheit, Friede und Erholung." Nach jüdischer Tradition ist der siebente Tag ein „Palast der Zeit", ein Zeitgeschenk, das Gott uns gemacht hat. Das gilt für alle, auch für die sozial Schwachen, die Dienstboten, die Ausländer und sogar für die Haustiere. Alle sieben Jahre gab es sogar ein ganzes Sabbatjahr, in dem auf den Äckern nichts angebaut werden durfte.

Wir haben leider aus den Augen verloren, welche Dimension das Feiertagsgebot haben kann. Wir haben fast vergessen, dass auch in den christlichen Traditionen der Sonntag eigentlich ein Zeitgeschenk ist. Durch das Arbeitsverbot – wenn wir es denn annehmen – bekommen wir zweckfreie Zeit geschenkt. Die Radikalität, mit der früher der Sonntag und auch Teile des Samstags arbeitsfrei gehalten wurden, sollte uns eher ermutigen als abschrecken. Wenn wir uns erst einmal angewöhnt haben, sonntags zur Ruhe zu kommen, dann wird das zu einer guten Gewohnheit, aus der wir viel Kraft schöpfen.

Der jüdische Schabbat beginnt am Freitagabend und dauert bis Samstagabend. Auch die christliche Sonntagsruhe setzte bereits am

Tag davor mit dem Feierabend ein. Das ist sehr weise. Denn so wurde der Vorabend als Übergangszeit geschaffen, in der sich Geist und Körper langsam an die Ruhezeit gewöhnen konnten. Das Resultat: Man ging bereits ohne Hektik schlafen. Alle Vorbereitungen waren getroffen und man konnte sich völlig dem Feiertag hingeben.

Die Sonntagsruhe galt als heilig. Arbeit war verboten. Und das war durchaus eine ernste Sache. Folgende Szene trug sich vor einigen Jahrzehnten in Kärnten zu: An einem Sommertag, es war Samstag, wurde Heu geführt. Gerade ist der Knecht mit seinem Ochsenfuhrwerk auf dem Weg nach Hause, als die Vesperglocke läutet. Da er genau in dem Moment durch die Hofeinfahrt fährt, ignoriert er das Läuten und fährt weiter. Daraufhin wurde er vom Bauer zur Rede gestellt: „Kennst du unsere heilige Zeit nicht? Du brauchst am Montag nicht mehr anfangen!" Er hat ihn entlassen.

Diese Haltung war natürlich extrem. Ganz sicher dachte die Mehrheit der Bevölkerung anders. Aber in einem war man sich einig: der Sonntag ist arbeitsfrei. Regelmäßig, ohne Ausnahme. Meine Urgroßmutter hat mir erzählt, dass eine Nachbarin in ihrem Dorf einmal an einem Sonntag Wäsche gewaschen hatte. Für alle sichtbar hatte sie diese dann im Garten zum Trocknen aufgehängt. Ich weiß noch, wie unerhört meine Uroma das damals fand. Wer eine so schwere Arbeit wie Wäschewaschen (ohne Waschmaschine) an einem Sonntag machte, der setzte sich über alles hinweg, was den Menschen heilig war. Der Sonntag war mehr als eine Arbeitspause. Er war Teil einer Lebensordnung. Man konnte sich sicher fühlen, weil man wusste, was auf einen zukam und man konnte davon ausgehen, dass die Menschen, mit denen man zusammenlebte, ebenso dachten und fühlten.

Der Rhythmus einer Woche war immer gleich: fünfdreiviertel Tage Arbeit und einenviertel Tage Ruhe. Das war wie in Stein gemeißelt.

Gerade weil die Sonntagsruhe nicht x-beliebig war, konnte sie ihre wohltuende Wirkung entfalten. Man konnte nicht von Woche zu Woche entscheiden: Nehme ich mir jetzt den Sonntag frei oder nicht? Auch der Feierabend an einem Wochentag wurde nicht diskutiert. Irgendwann war die Arbeit zu Ende. Aus. Schluss. Feierabend.

IN JAPAN BRACH DIE 41-JÄHRIGE LEITERIN einer McDonald's-Filiale bei einer Fortbildung zusammen und starb drei Tage später im Krankenhaus. Die Frau kam regelmäßig auf mehr als 80 Überstunden im Monat. Sie war ein Opfer von *Karoshi*, was wörtlich „Tod durch ein Übermaß an Arbeit" bedeutet. In Japan gilt es als verpönt, früh Feierabend zu machen. Um dem entgegenzuwirken, gab etwa das japanische Arbeits- und Gesundheitsministerium einen Erlass heraus, wonach die Mitarbeiter des Ministeriums künftig nicht länger als bis 22 Uhr arbeiten durften.

Volkswagen machte vor ein paar Jahren Schlagzeilen, als der Konzern ein E-Mail-Verbot nach Feierabend beschloss. Bis dahin hatten Angestellte auch noch spätabends und am Wochenende E-Mails beantwortet. Nun war Schluss mit der totalen Erreichbarkeit.

Geht's nur so? Mit Verboten und Geboten? Müssen uns wir vor uns selbst schützen und strikte Regeln einführen?

Microsoft hingegen bat einen bekannten Bestsellerautor, Markus Albers, und den Zeitmanagement-Coach Lothar Seiwert, ein „Manifest für ein neues Arbeiten" zu verfassen. Die beiden dachten sich 33 Regeln aus. Eine davon lautet so: „Früher dominierte der klassische 9to5-Arbeitstag. Heute machen flexible Arbeitszeiten produktiv und effizient." Flexibel arbeiten – also jederzeit, immer und überall. Sieht so die schöne neue Arbeitswelt aus?

Das ist ziemlich genau das Gegenteil von dem, wie früher der Feierabend an einem Wochentag gehandhabt wurde. Die Bezeichnung Feierabend galt ja gleichermaßen für jede Art von Übergang von der Arbeit in die freie Zeit. Man sagte nicht Dienstschluss, sondern Feierabend, was zugegebenermaßen wesentlich schöner klingt.

Die Arbeit hatte an jedem Tag einen Beginn und ein Ende. Im Sommer hörte man später auf zu arbeiten als im Herbst und im Winter. Aber man werkelte nicht weiter. Man setzte einen Schlusspunkt und machte Feierabend. An dieser Stelle ist es wichtig zu betonen: Die Arbeit selbst nahm natürlich nie ein Ende. Es war theoretisch immer mehr als genug zu tun. Dennoch fragte keiner spöttisch: „Na, schon Feierabend?" Und meinte damit: „Na, hast du nichts mehr zu tun?", wenn sich jemand abends auf die Hausbank setzte. Das hat mit dem Begriff Tagwerk zu tun, den ich im Kapitel „Zeit" ausführlich beschreibe. Das Werk eines Tages war irgendwann getan und nun war es genug. Man durfte mit dem Tagespensum zufrieden sein. Man durfte nun Feierabend machen.

Die Arbeitszeit war selten im heutigen Sinn flexibel. Bei der Heuernte oder bei der Getreideernte im Sommer konnte es durchaus passieren, dass man bis 9, 10 Uhr abends durcharbeitete. Aber das waren absolute Ausnahmen, die nicht am Prinzip des Feierabends rüttelten.

Feierabend zu machen war eine ehrenvolle Sache, denn man blickte voll Stolz auf sein Tagwerk zurück. Heute ist man stolz, so viel gearbeitet zu haben, dass man am Abend erschöpft ist. Der Erschöpfungsstolz ersetzte den Werksstolz. Manche halten es gar mit dem Buchtitel „Feierabend hab ich, wenn ich tot bin" und verweigern sich überhaupt dem regelmäßigen Arbeitsende.

IM RHYTHMUS LIEGT DIE KRAFT. Der kleine, fast zerbrechliche über 80 Jahre alte Mann stand auf unserem Grundstück im kniehohen

Gras. Er nahm seine Sense und begann zu mähen. Seine Bewegungen waren gleichmäßig und eher langsam als schnell. Geräuschlos glitt die Sense durch die Grashalme. Es sah so leicht aus, so mühelos.

Als wir einen benachbarten Bauern gebeten hatten, unser Gras zu mähen, konnten wir nicht ahnen, dass sie den gebrechlichen Großvater schicken würden. Der alte Mann aber war ein Meister im Sensenmähen. Er bewegte die Sense nicht mit Kraft, sondern aus der Dynamik der Schwungbewegung heraus. So konnte er stundenlang mähen, ohne müde zu werden.

Wer nicht Sensenmähen kann, hackt ins Gras und ist schnell verausgabt. Wer hingegen den Dreh heraußen hat, mäht ganz entspannt, in dem er die physikalische Kraft der Pendelbewegung ausnützt. Ein guter Rhythmus erzeugt Energie. Es ist, als ob man auf einer Schaukel sitzt. Wir haben Schwung geholt und nun können wir ohne große Kraftanstrengung, nur durch kleine Streck- und Beugebewegungen weiterschaukeln.

Der Rhythmus unserer inneren Uhr funktioniert ähnlich. Eine rhythmische Lebensweise hilft uns, Energie zu sparen. Wir alle kennen das: Wenn wir jeden Tag zur selben Zeit aufstehen, wachen wir leichter auf und sparen Kraft. Je automatischer eine Handlung abläuft, desto weniger Energie benötigt sie.

Unser Organismus ist wie ein empfindliches Musikinstrument. Wird die Rhythmik gestört, kommt es zu Verstimmungen. Rhythmusräuber sind unter anderem eine unregelmäßige Lebensweise, Schichtarbeit, andauernder Stress, zu wenig Ruhephasen und schlechter Schlaf. Andererseits gibt es Rhythmusgeber, die uns helfen, dass unser innerer Rhythmus wieder ausschwingen kann. Dazu zählt neben gesunder Ernährung vor allem ein regelmäßiger Tagesablauf mit ausreichend Ruhepausen.

Laufen Dinge regelmäßig ab, gewöhnt sich unser Organismus daran – ein kleiner Impuls genügt, und der Körper reagiert sofort. Wer regelmäßig Feierabend macht, kann sich leichter und schneller entspannen.

Konfuzius soll gesagt haben: „Wenn du es eilig hast, gehe langsam." Die moderne Chronomedizin warnt uns, dass wir einen hohen Preis zahlen, wenn wir immer mehr, immer schneller und immer länger arbeiten wollen, ohne auf unsere innere Uhr zu achten.

Man könnte mit Konfuzius weiterformulieren: „Wenn du viel leisten willst, mache Feierabend!" Ein alter Landarzt erzählte auf einer Tagung, dass er bei seinen Visiten auf Bauernhöfen immer darauf achte, ob die Hausbank noch da ist und ob sie auch benutzt werde. Ihm war aufgefallen, dass überall dort, wo die Hausbank fehlte, die Menschen gestresster und kränker waren.

Die Hausbank stand neben der Haustür direkt an der Hausmauer und war meistens eine ziemlich lange Holzbank. Lang genug, dass sich nach Feierabend fünf, sechs Leute daraufsetzen konnten. Sie war ein Symbol für den Feierabend. Sie war aber genauso ein Symbol für eine gelassene und heitere Freizeitgestaltung, denn auf einer Hausbank tat man nichts anderes als sitzen, schauen, reden, vielleicht ein wenig singen und den Tag in Ruhe ausklingen lassen.

WARTEN KÖNNEN
Die Kunst der Vorfreude

KÜRZLICH IN DER WARTESCHLANGE: **Die Schlange ist nicht besonders lang, man kann die Kassa bereits sehen, aber das macht es nur noch schlimmer.** Man sieht mit eigenen Augen, wie jemand nach dem Bezahlen quälend langsam einpackt. Man sieht genervt, wie ein anderer scheinbar den halben Supermarkt auf das Laufband legt. Und jetzt kommt auch noch eine Kundin mit einem Umtausch. Man blickt auf die Uhr, der nächste Termin drängt, und hier geht nichts weiter. Da ist man extra früher aus der Firma weggegangen, um sich Zeit zu ersparen, und dann ist der ganze Vorsprung erst wieder beim Teufel.

Hier beißt sich die Katze in den Schwanz. Wer Zeit sparen will, möchte die Dinge möglichst schnell erledigen. Wer aber beim Warten gelassen bleiben will, der sollte möglichst nicht ans Zeitsparen denken.

Warten, Pause machen, geduldig sein – all das gehört eindeutig nicht zum Anforderungsprofil der Zeitoptimierer. Wer ständig auf die Uhr schaut, sieht, wie die Zeit verfliegt. Die Wartezeit, die ungenutzt verstreicht, wird zur „verlorenen" Zeit.

Ist also die Uhr das Problem? Ab den 1960er-Jahren führte der deutsche Psychologe und Schlafforscher Jürgen Zulley in Andechs ein aufschlussreiches Zeitexperiment durch. Menschen ließen sich einzeln in unterirdische Räume sperren und hatten wenig, womit sie sich beschäftigen konnten. Die Menschen wurden also, wenn man so will, zum Warten, zum Innehalten und zur Muße gezwungen. Es gab keine Uhren, keine Fernseher oder Radiogeräte und kein Telefon. Nur Zeit, viel Zeit. Die Versuchspersonen entdeckten nach und nach, welche Qualität diese Zeit hatte. Manche schrieben ihr bisheriges Leben auf, andere lernten ein Instrument. Und einige wollten gar nicht mehr in ihr normales Leben zurück.

Diese Menschen durften erleben, was den meisten von uns nicht vergönnt ist, sie lernten eine neue „Zeitsprache" kennen. Der Anthropologe Edward Hall stellte fest, dass es überall auf der Welt andere Zeit-Regeln gibt und nannte dies eine „stumme Sprache". Kinder lernen automatisch, was in ihrer Kultur „früh" und was „spät" bedeutet, welche Rolle die Uhrzeit spielt, wann man wartet, und wann man sich beeilt. Jeder, der in ein Land mit einer anderen Zeitkultur fährt, etwa nach Südamerika oder nach Afrika, spürt sofort die andere „Zeitsprache". Dies gilt sogar für Warteschlangen: Ein Brite reiht sich an der Haltestelle artig in die Schlange ein, während sich Israelis beharrlich weigern, Schlangen zu bilden. Dennoch scheinen sie versteckte Regeln zu kennen, da auch sie fast immer in der Reihenfolge ihres Eintreffens den Bus besteigen.

In der Warteschlange leiden wir – in den meisten Fällen – unter dem Nichts-tun-Dürfen. Im Andechser Experiment entdeckten die Menschen die Muße, das Nichts-tun-Müssen. Es gibt noch eine andere Art des Wartens, für das es im Spanischen und Portugiesischen das Wort *esperar* gibt. Es bedeutet zugleich *warten* und *hoffen*. Wer sich etwas er-wartet oder er-hofft, nimmt eine vollkommen andere Haltung ein als der Wartende in der Warteschlange. Er übt – nämlich Geduld, und er vertraut – auf das Kommende.

Genau in diesem Sinn wurde früher wahrlich genug gewartet: auf gutes Wetter, auf den rechten Zeitpunkt für die Ernte, auf die erste Fleischmahlzeit nach der Fastenzeit, auf den Frühling nach

dem Winter, auf die Almfahrt, auf den Kirtag, auf das Weihnachtsessen, ja sogar auf den ersten grünen Salat nach der langen Win-
terszeit, in der man nur von den Vorräten gelebt hat.

NEHMEN WIR DEN FRISCHEN SALAT. Wer verstehen will, wie sehnsüchtig
im Frühjahr das erste Grün erwartet wurde, der muss sich in folgende Situation hineinversetzen: Es ist Anfang März, und man hat
seit vielen Wochen kein grünes Salatblatt mehr gesehen. Die ein-
gelagerten Sorten wie Zuckerhut und Endivie haben vielleicht bis
Anfang Jänner gereicht. Danach gab es nur mehr Bohnen, Rüben,
Kraut und Erdäpfel. Der Hunger nach ein bisschen Blattgrün war
so groß, dass man sogar von den ausgetriebenen Rüben im Keller
ein paar Blätter abzwickte und sie unter den Erdäpfelsalat mischte.

Bis der erste Salat im Garten geerntet werden könnte, würden
noch Monate vergehen. Aber nach der Schneeschmelze war es dann
so weit: an den Bachufern wuchs die Brunnenkresse. Das erste
Grün, der erste richtige Salat nach vielen Monaten! Die zarten wür-
zig-scharfen Blätter schmeckten unvergleichlich gut – weil man sie
so lange hatte entbehren müssen.

Nun ein Gedankenexperiment: Nehmen wir an, die Menschen
hätten sich die monatelange Wartezeit ersparen können. Sie hätten, so wie wir, die Möglichkeit gehabt, ihr Bedürfnis nach frischem
Salat jederzeit zu stillen. Der Vergleich ist einfach und das Ergebnis
liegt auf der Hand: Wer von uns empfindet noch Vorfreude, wenn er
im Supermarkt ein Stück Kopfsalat kauft? Es ist eine simple Wahrheit, dass, wer nicht warten kann, sich um die Erwartung bringt.

Eine US-Studie untersuchte, wie Vorfreude entsteht. Freiwillige
wurden in zwei Gruppen eingeteilt. Die einen sollten sich vorstellen, Geld für ein Erlebnis auszugeben, etwa eine Reise oder ein Konzert. Die anderen sollten an den Kauf eines Produktes denken, an

ein Kleidungsstück oder ein neues Smartphone, beispielsweise. Es stellte sich heraus, dass die Vorfreude bei der ersten Gruppe viel stärker war als bei der zweiten.

Denn, Vorfreude ist nicht gleich Vorfreude. Wer sich auf ein Erlebnis freut, freut sich ungleich stärker und intensiver als jemand, der nur ein Produkt erwartet. Ein Smartphone ist ein Smartphone und eine Hose ist eine Hose. Wer aber auf ein Erlebnis wartet, wartet im Sinne von *esperar*. Man hofft, wartet und erwartet zugleich. Man malt sich aus, wir gut der frische Salat schmecken wird, wie süß die Kirschen sein werden und wie knackig die ersten Äpfel im Herbst.

Rein theoretisch könnten wir uns diesen Genuss erarbeiten und er-warten. Aber wenn wir doch die viel zitierten Erdbeeren in entsprechend sortierten Geschäften das ganze Jahr über zu kaufen bekommen ...! Also wozu warten, wenn man alles sofort haben kann?

WER NICHT WARTEN KANN, KANN NICHTS ERWARTEN. Es ist weit nach Mitternacht und die Familie kehrt von der Weihnachtsmette zurück. Die Mutter war zu Hause geblieben und hat in der Zwischenzeit Bratwürstln mit Sauerkraut zubereitet. Jetzt am frühen Morgen gibt es die „Mettenjause". Es ist eine besondere Mahlzeit nach einem langen Fasttag. Dass am 24. Dezember bis Mittag gefastet wurde, war früher in katholischen Häusern eine Selbstverständlichkeit. Wer es ganz genau nahm, wartete mit der ersten ausgiebigen Mahlzeit bis nach Mitternacht. Die Nacht war am Christtag kurz. Um 4 Uhr ging man gesättigt zu Bett und gegen 5 stand man schon wieder auf, um die Stallarbeit zu erledigen. Aber der Genuss der „Mettenwürstln" machte die Müdigkeit wett. Auf Bratwürste musste man früher lange warten. Es gab sie nur, wenn geschlachtet wurde, also meist zwei Mal im Jahr, zu Ostern und zu Weihnachten.

Die Mitternacht spielte auch am Faschingsdienstag eine Rolle. Schlag 12 Uhr begann die österliche Fastenzeit. Im Lavanttal in Kärnten wurden danach alle übrig gebliebenen Faschingskrapfen auf eine Schnur aufgefädelt und auf dem Dachboden aufgehängt. Erst am Ostersonntag wurden die (steinharten) Krapfen als Suppeneinlage verwendet.

Das Wort *Fasten* kommt von *festhalten*, nämlich am kirchlichen Gebot der gezielten Nahrungsenthaltung, die an die 40 Fasttage erinnern sollen, die Jesus in der Wüste verbracht hat.

Fastenzeiten waren Wartezeiten. Es war ein Sakrileg, sich nicht daran zu halten. Von einem reichen Kärntner Bauern wird erzählt, dass man ihn an einem Karfreitag beim Essen einer Wurst erwischt habe. Er sei einen Weg entlanggegangen, in der einen Hand ein Jausenmesser, in der anderen ein Stück Brot. Derjenige, der ihm entgegengekommen ist, bemerkte gerade noch eine schnelle Bewegung: geschwind hatte der Mann ein Stück Wurst unter dem Brot versteckt.

Solche Geschichten werden noch nach Jahrzehnten erzählt. Fasten war keine Wellness-Angelegenheit. Fasten war Verzicht und Warten. Der Karfreitag war ein strenger Fasttag, an dem man sich nur einmal am Tag mit einer einfachen Speise satt essen durfte. Auch am Karsamstag galt das Fleisch- und Süßigkeitenverbot. Obwohl an diesem Tag Schinken und Würste zur Fleischweihe getragen wurden, und man die geselchten Köstlichkeiten damit quasi vor der Nase hatte, durfte man sie noch immer nicht essen. Das Warten hatte erst in der Nacht nach dem Osterfeuer ein Ende. Dann, um 4 oder 5 Uhr morgens, gab es endlich den Osterschinken zum Frühstück. Das Warten hatte sich gelohnt, denn der Erinnerung zufolge soll dieses Osterfrühstück außerordentlich gut geschmeckt haben.

Der Bestsellerautor Eckart von Hirschhausen stellt fest: „Glück ist Erwartungsmanagement." Vielleicht ist das der Grund, dass manche Speisen umso köstlicher schmeckten, je länger man auf ihren Genuss warten musste: die Nusspotize und das Kletzenbrot zu Weihnachten, die Kirchtagssuppe zum Kirchtag, der feine Feiertagssterz mit weißem (statt dunklem) Mehl und der Sonntagskaffee aus echten Kaffeebohnen.

Goethe soll gesagt haben: „Wer alle Tage nur Kuchen isst, Pasteten und Kapaunen, der weiß ja nicht, wann Sonntag ist und kennt nur schlechte Launen." Angewandt auf die Adventszeit könnte man sagen: „Wer alle Tage Kekse isst, der weiß ja nicht, wann Weihnachten ist." Im Advent waren Kekse, Lebkuchen und Kletzenbrot tabu. Auch zu Weihnachten wurde das Gebäck vielfach nicht einfach hingestellt, sondern als persönliches Geschenk verteilt – ein Teller Kekse für jedes Kind, ein Laib Kletzenbrot für jeden Hausgenossen. Ein Witz in unserer schnelllebigen Zeit, in der es Weihnachtsgebäck schon Anfang November zu kaufen gibt!

WARUM FEHLT UNS DIE GEDULD? Geduld geht auf das urgermanische *ga-thuldis* zurück mit der indogermanischen Wurzel *tol* beziehungsweise *tla*, was so viel wie *tragen* oder *ertragen* bedeutet. Es geht also darum, Wartezeiten und Pausen zu ertragen. Wir sind es jedoch nicht gewöhnt, auf etwas zu warten, und wir können es schwer ertragen, nichts zu tun. Unsere Zeit ist dicht – diese Zeitverdichtung wird durch die Multitasking-Technologien wie das Internet noch gefördert. Alles ist randvoll mit Aufgaben und Beschäftigung. Werden wir durch Verzögerungen oder Wartezeiten unterbrochen, ertragen wir den Leerlauf nicht.

Aus diesem Grund werden in der Warteschlange SMS geschrieben und in der U-Bahn wird am Smartphone gewischt. Heißt es:

„Alle Leitungen sind belegt. Bitte haben Sie ein wenig Geduld", dann werden wir erst recht ungeduldig.

Fans amerikanischer TV-Serien wollen nicht mehr warten, bis die nächste Staffel auf Deutsch synchronisiert im Fernsehen läuft, sondern streamen illegal oder legal über Bezahlsender und Videodienste im Internet.

Ein Bankinstitut wirbt mit den Worten: „Weil manche Wünsche nicht warten können, gibt es den schnellen und einfachen Kredit." Warten ist out. Auch die damit verbundene Tugend, mit ungestillten Sehnsüchten und unerfüllten Wünschen zu leben und diese für die Zeit des Wartens bewusst zurückzustellen, scheint nicht wirklich erstrebenswert.

Aufhorchen lässt eine Studie des Österreichers Walter Mischel aus den 1960er-Jahren, damals Professor in Stanford. Er arbeitete gerade an einer Studie über Willenskraft, als ihm die Idee kam, in einem Kindergarten ein Experiment durchzuführen. Ein Kind nach dem anderen, alle zwischen 4 und 6 Jahre alt, setzte er in dem kargen Untersuchungsraum allein an einen Tisch. Darauf stand ein Teller mit einem Marshmallow, sonst nichts. Mischel erklärte dem Kind, dass es die Süßigkeit entweder sofort essen könne oder eine Weile warten und dafür später zwei bekommen würde. Er müsse kurz etwas erledigen und sei gleich wieder da.

Dann verließ er den Raum und beobachtete durch einen Spiegel, was die Kinder taten, bevor er 6 bis 10 Minuten später zurückkam. Einige der Kinder hatten es unter Aufbietung all ihrer Kräfte geschafft zu warten. Andere nicht – sie hatten das Marshmallow gegessen. Eigentlich war damit das Experiment beendet. Der Psychologe hatte es geschafft, die Willenskraft der Kinder mit unterschiedlichen Belohnungen und Wartezeiten zu bemessen.

Legendär wurde der Versuch erst 13 Jahre später. Als Mischel die

Probanden nochmals einlud, gab es erstaunliche Ergebnisse. Jene, die damals am längsten hatten warten können, waren als Teenager bzw. junge Erwachsene zielstrebiger und erfolgreicher in Schule und Ausbildung. Sie konnten besser mit Frustration und Stress umgehen und waren seltener drogenabhängig als jene, die der Süßigkeit vor ihrer Nase nicht hatten widerstehen können. Jene, die nicht hatten warten können, waren emotional instabiler und schnitten schlechter in der Schule ab, obwohl sie nicht weniger intelligent waren. Mithilfe des Marshmallow-Tests konnte der Wissenschafter also die Wichtigkeit des Belohnungsaufschubs für den akademischen, emotionalen und sozialen Erfolg einer Person zeigen.

Langmut ist ein altmodisches Wort. Aber es trifft ziemlich genau die Mischung aus Selbstkontrolle, Frustrationstoleranz und Ausdauer, die jene Studienteilnehmer bewiesen hatten, die geduldig waren und warten konnten. Langmut hat nichts mit Mut zu tun, sondern leitet sich vom griechischen Wort *makrothymia* ab. *Makro* bedeutet *groß*, *thymos* ist im Altgriechischen die *Lebenskraft* und gleichzeitig ein Ausdruck für die Gemütslage eines Menschen. Ein langmütiger Mensch ist also einer mit einem starken Gemüt, eine stabile, standhafte Persönlichkeit, die gelernt hat, dass es eben immer wieder auch Zeiten des Wartens gibt.

DIE ZEIT-LANDKARTE DES WARTENS. Das Jahr bestand früher aus mehreren Wartezeiten, die Langmut lehrten. Es waren Zeiten, in denen etwas erwartet, manchmal sogar sehnlichst herbeigesehnt wurde. Es gab auch Zeiten, in denen Pausen angeordnet waren und die zum Innehalten zwangen.

Die meisten Wartezeiten gab es im Winterhalbjahr von November bis Ostern. Es begann zu St. Kathrein am 25. November. Von diesem Zeitpunkt an herrschte Tanzverbot. Ab dem Dreikönigstag durfte man wieder tanzen, aber nur bis zum Faschingsdienstag. Von da an bis Ostern war es wieder nicht erlaubt. Mehr oder weniger tabu waren Tanzveranstaltungen auch im Sommer während der Erntezeit – es schien einfach unpassend, während der arbeitsintensiven, körperlich anstrengenden Erntewochen Nächte durchzutanzen.

Der Hauptgrund für die Tanzverbote war die Fastenzeit im Advent und in der Zeit vor Ostern. Es war eine verordnete Zeit der Ruhe und Stille, die dem Jahresablauf einen Rhythmus gab und ihm ihren Stempel aufdrückte.

Regelmäßig vor Beginn des Tanzverbots gab es große Tanzfeste, den Kathreintanz und die Faschingsbälle. Diese großen Feste markierten Ende und Anfang, sie zeigten den Übergang in eine ruhigere, besinnliche Zeit an. Man wusste, jetzt ist Pause. Es war nicht immer alles möglich und alles machbar, sondern nur zu bestimmten, festgelegten Zeiten. Hätte man immerzu, jedes Wochenende tanzen und feiern können – es wäre nicht dasselbe gewesen.

Der Dezember war so etwas wie eine Atempause. Eine Zeit, die anders war als alle anderen Monate im Jahr. Es war die einzige Zeit, in der wirklich die Muße den Ton angab. Draußen war nichts zu tun, die Tage waren kurz und der Lebensmittelpunkt war die warme Stube. Im September hatte noch die Ernte im Mittelpunkt gestanden, im Oktober das Einlagern und Einwintern, im November das Dreschen und die letzten Arbeiten – nun im Dezember war endlich Ruhe. Dieser Monat galt als Zeitoase, in der man sich ausrasten, Abstand gewinnen und neue Kräfte sammeln konnte.

Gleichzeitig war der Dezember „Advent", also Warte- und Vorbereitungszeit. Genau so wie die Karwoche, die Wartezeit auf Ostern, wurden auch die Wochen vor Weihnachten durch Brauchtum und Gewohnheiten dramaturgisch gestaltet. Die Bräuche halfen zu verstehen: Jetzt ist eine besondere Zeit! Von den zahlreichen Advent-bräuchen sei hier nur das Rorategehen erwähnt, auch weil es das Erleben der Menschen tief prägte. Rorate ist die tägliche Frühmesse um 6 Uhr im Advent, benannt nach dem Anfang des lateinischen Gesangs des vierten Adventsonntags: „Rorate caeli" (Tauet Himmel). Man stelle sich vor: Im Mondlicht geht man um 4 oder 5 Uhr morgens zu Hause los. Der Weg ist lang und schwer, und es ist kalt. Es liegt hoher Schnee. In der Kirche ist es fast finster, sie ist nur spärlich mit Kerzenlicht beleuchtet. Dann, nach der Messe, noch in der Morgendämmerung, begeben sich alle auf den Heimweg. Jeden Tag bis Weihnachten machte sich von jedem Haus ein Familienmitglied auf, um zur Rorate zu gehen. So wurde die Wartezeit bis zum Heiligen Abend an den täglichen Rorategängen gemessen.

WOZU WARTEN? Da gab es den Vater, der, immer wenn er in die Landeshauptstadt fuhr, für seine vier Kinder Geschenke mitbrachte. Die Kleinen erwarteten ihren Vater an diesen Tagen voller Vorfreude. Jedes der Kinder bekam immer das Gleiche: drei Zuckerln und eine Orange.

Diese Familie war keineswegs arm, der Vater der Bürgermeister des Ortes. Seine Kinder hatten auch nie das Gefühl gehabt, dass sie zu wenig bekamen. Sie waren zufrieden und legten ihre Zuckerln in eine Blechdose, genau wie die Tafel Suchard-Schokolade, die sie jedes Jahr zu Weihnachten von einem Bekannten aus Wien geschenkt bekamen. Warum sie dies taten? Die Antwort lautete: „Damit wir länger was davon haben!"

Diese Kinder, vier Schwestern, hatten nicht an den Marshmallow-Tests teilgenommen. Aber sie hatten schon früh verstanden, was die US-Studie letztendlich zeigte: Warten können tut gut!

Heinrich Spoerl, der Autor der „Feuerzangenbowle", schrieb eine

Geschichte über das Warten. Ein junger Mann erhielt von einem kleinen Männlein einen Zauberknopf, den er immer dann drehen solle, wenn ihm die Zeit zu langsam vergehe. Als es ihm zu lang dauerte, bis er endlich seine Liebste treffen konnte, drehte er den Knopf und sogleich war sie da. Er wollte nicht auf die Hochzeit warten, deshalb drehte er nochmals den Knopf und schon waren sie verheiratet. Schnell kam der Wunsch nach einem neuen Haus, nach Kindern und anderem, das er nicht erwarten konnte. Immer wieder drehte er am Zauberknopf. Ehe er sichs versah, war er ein alter Mann und der Tod nah. Sein Leben war wie im Flug vorbeigerauscht – weil er nicht warten konnte.

Es gibt den relativ sinnfreien Ausspruch: „Wart einmal schnell!" Auch im Englischen wird es nicht besser, wenn man sagt: „Wait a minute!" Eine Minute, nicht länger darf es dauern. Schnell soll es gehen, auch das Warten. In unserer Vorstellung ist Warten so etwas wie der Transitraum zwischen zwei Ereignissen, den wir möglichst schnell passieren möchten. Dann könnten wir doch gleich, wie der junge Mann in der Geschichte, einen Zauberknopf drücken und unser Leben würde nonstop in permanenter Beschleunigung dahinrasen.

Unsere Ungeduld treibt uns oft dazu, Wartezeiten als Leerläufe zu betrachten. Wir kommen gar nicht auf die Idee, dass wir oft gar keine Zeit gewinnen, wenn wir uns das Warten ersparen. Der Zeitforscher Franz Schweifer vom „Verein zur Verzögerung der Zeit" drückt es so aus: „Warten zu können ist eine echte Kunst, die heute nur mehr bei wenigen beheimatet ist." Tatsächlich ist es eine Kunst, all die freiwilligen und auch die unfreiwilligen Wartezeiten und Pausen als Zeitgeschenk zu betrachten – so wie früher, als ein Regentag im Sommer alles (die Arbeit nämlich) zum Erliegen brachte und man warten *durfte*.

KINDERN ETWAS ZUTRAUEN
Wie die Sprösslinge ins Leben hineinwachsen

DAS KIND HAT EINEN SCHULWEG VON EINER HALBEN STUNDE. Es legt den Weg zu Fuß zurück, da kein Schulbus oder Linienbus diese Strecke fährt. Das Kind, ein Bub, braucht in der Früh eine halbe Stunde, zu Mittag jedoch für die gleiche Strecke drei oder gar vier Stunden. Der Bub trödelt. Er spielt mit seinen Freunden am Bach und im Wald. Die Kinder raufen. Sie klettern vermutlich auf Bäume. Sie nehmen Vogelnester aus.

Jetzt läuten bei Eltern alle Alarmglocken: Diese Kinder sind völlig unbeaufsichtigt! Sie sind nicht am Handy erreichbar. Man weiß nicht genau, wann sie heimkommen. Man weiß auch nicht wirklich, wo sie sich gerade aufhalten. Die Buben tragen ihre Konflikte durch Raufereien und Handgreiflichkeiten aus. Sie machen gefährliche Dinge wie Klettern oder am Wasser Spielen – ohne Aufsicht von Erwachsenen. Und das Schlimmste: Sie zerstören mutwillig Vogelnester samt ihrer Brut!

Darf man das? Darf man Kinder so aufwachsen lassen? Nun, der österreichische Schauspieler August Schmölzer, von dem diese Schulwegschilderung stammt, ist in den 1960er-Jahren genau so aufgewachsen. Er sagt: „Wir haben alles gehabt, was man braucht, um ein Mensch zu werden. Wir durften so viel erleben. Diese unbeschreibliche Natur! Die Freiheit!"

Genau das Gleiche, nur mit anderen Worten, erzählte mir vor einigen Jahren ein alter Sölktaler. Er sagte: „Die Freiheit beim Spielen haben wir uns selber gesucht." Damit meinte er, dass er sich frei bewegen durfte. Er durfte ohne Aufsicht laufen, springen, klettern, balancieren. Er fing mit der Hand Forellen im Bach, machte Feuer und bereitete die Fische gleich selbst zu. Das war zwar nicht erlaubt, aber er tat es trotzdem. Jahrzehnte später bei unserem Gespräch erklärte er sein Verhalten so: „A Bua muaß a Luader sein, sonst is er ka Bua!"

Die Mädchen hatten nicht weniger Freiheit als die Buben. Die tollsten Dinge passierten auch für sie auf dem Schulweg. Besonders reizvoll waren die Mühlen mit ihren großen Mühlrädern, die es früher noch an vielen Wasserläufen gab. Eine über 70-jährige Frau erzählte mit leuchtenden Augen, wie sie sich als Mädchen in das riesige Mühlrad gestellt hatte, genau in den Mittelpunkt des Rades, und dann im Mühlrad, das sich ja bewegt hat, gelaufen ist. Ungefährlich war das nicht. Wenn man das Gleichgewicht verlor, fiel man ins Wasser.

Diese Kinder durften im Freien spielen, im Wald, auf der Wiese und am Bach. Sie waren nicht jede Minute unter Aufsicht und haben ihr Spiel als Abenteuer und als Erlebnis empfunden. All das war früher die selbstverständlichste Sache der Welt. Heute nicht mehr – nun werden darüber Bücher geschrieben! Der Kinderarzt Herbert Renz-Polster nennt die Natur in einem seiner Bücher den „Schatz dort draußen", einen Ort des Begreifens für Kinder und er warnt Eltern davor, den Kindern das selbstbestimmte Spielen im Freien zu verbieten. Er sagt: „Wer in Freiheit leben will, muss Freiheit erst erfahren."

FREI LAUFENDE KINDER. Der Bewegungsspielraum der Kinder war früher nicht nur am Land, sondern auch in den Städten wesentlich größer als heute. Es gab noch unverbaute Gebiete, Flächen ohne

Asphalt, verwachsenes Gebüsch, Hohlwege und Pfade – die klassische „Gstettn", wie sie heute kaum noch existiert. Hier durfte man Löcher graben, Äste abbrechen, Baumhäuser und Höhlen bauen und mit Lehm und Matsch spielen.

In Zeiten ohne Mobiltelefon wussten die Eltern nur ungefähr, wo sich die Kinder aufhielten. Die Kinder kamen heim, wenn es dunkel war oder wenn die Mutter zum Abendessen rief. Bis dahin waren sie jedoch mehr oder weniger sich selbst überlassen.

„Free-Range-Kids", übersetzt „Frei laufende Kinder", nennt sich eine neue Bewegung aus den USA, die dafür eintritt, Kinder im Freien auch einmal (für kurze Zeit) unbeaufsichtigt zu lassen. Der Ausdruck *free-range* stammt aus der Hühnerhaltung, wie seine Entsprechung im Deutschen auch, und meint Hühner, die nicht im Käfig, sondern im Freiland gehalten werden. Genau das wollen diese Eltern für ihre Kinder: sie sollen nicht den ganzen Tag unter Aufsicht stehen. Die Idee dahinter ist, die Selbstständigkeit der Kinder zu stärken und sie zum Beispiel den Weg nach Hause auch einmal zu Fuß und ohne elterliche Begleitung zurücklegen zu lassen. Diesem Ansatz folgten Eltern aus Silver Spring im US-Bundesstaat Maryland – ihre beiden Kinder durften an einem Sonntagnachmittag in der Nachbarschaft spielen. Um 18 Uhr sollten sie wieder zu Hause sein. Als der 10-jährige Bub und dessen 6-jährige Schwester den Heimweg entlang einer belebten Straße antraten, sahen besorgte Anwohner die unbeaufsichtigten Kinder und riefen sofort die Polizei. Die Eltern erhielten prompt eine Anzeige wegen Kindesvernachlässigung.

Bevor wir jetzt über die Amerikaner den Kopf schütteln, sollten wir bedenken, dass auch bei uns die Tendenz zu einer lückenlosen 24-Stunden-Überwachung der Kinder geht. Man sagt, heute würden sich übervorsorgliche Eltern wie Helikopter verhalten: Ständig sind sie in der Nähe ihrer Kinder und sind immer über alles informiert, was diese tun. Sie „kreisen" wie Helikopter über ihrem Nachwuchs, um gefährliche Situationen zu verhindern und ihre Kinder zu überwachen und zu behüten. Ein Anruf mit dem Handy genügt und man weiß Bescheid, wo und mit wem sich das Kind gerade aufhält.

Eine Bäuerin erzählte vom „weiten Raum", den die Kinder früher hatten. Sie meinte damit, dass die Kleinen bei jeder Arbeit am Feld dabei waren, dass sie im Wald und an den Bächen spielen durften und dass sie auf Bäume geklettert sind. Sie sagt: „Durch die viele Bewegung waren die Kinder viel geschickter als heute."

„KANN ICH AUF DEM ZAUN BALANCIEREN ODER FALLE ICH HERUNTER?" Die oben erwähnte Bäuerin fragte sich das in ihrer Kindheit nicht. Sie tat es einfach: auf den Zaunstangen balancieren. Das war nicht leicht und oft genug hat sie dabei das Gleichgewicht verloren. Sie sagt: „Dann bin ich halt hinunter gehupft!" Auch das will gekonnt sein! Balancieren und geschickt runterhüpfen, statt ungeschickt abzustürzen, wenn man ausrutscht.

Anfang 2012 gab es eine für viele überraschende Entscheidung in einem Zivilgerichtsprozess. Ein Kärntner Kindergarten wurde zur Zahlung von Schmerzensgeld verurteilt, weil ein 5-jähriges Mädchen beim Klettern von einem Baum gestürzt war und sich dabei verletzt hatte.

Aber: Wie soll ein Kind seine Geschicklichkeit üben, wenn man es nicht lässt? Auf Bäume zu klettern gehörte einst zur Kindheit dazu. Man probierte es aus, rutschte ab, versuchte es noch einmal und schaffte es irgendwann. Die Kinder lernten von klein auf, Gefahren und Risiken richtig einzuschätzen und entwickelten so nach und nach ein Bewusstsein für mögliche Gefahren und deren Bewältigung.

Die Motorik dieser Kinder war hervorragend trainiert, auch weil die alten Kinderspiele die Sinne schärften und die unterschiedlichsten Fertigkeiten ausbildeten: das Springen beim Tempelhüpfen, Schnurspringen und Bockspringen, die Feinmotorik beim Pfitschigogerln, Steine Aufplatteln und diversen Murmelspielen und die Koordination bei Blinde Kuh oder bei Ballspielen wie dem Zehnerln.

Kluge Therapeutinnen setzen heute diese alten Kinderspiele sogar ein, um Motorik, Reaktionsschnelligkeit und Koordination zu üben. Statt künstliche und langweilige Übungen zu erfinden, spielen die Therapiekinder Murmelspiele, um die Hand-Auge-Koordination zu üben oder Tempelhüpfen, um den Gleichgewichtssinn zu trainieren.

Es ist ein großer Verlust, wenn alte Spiele verloren gehen, denn damit verringern sich dramatisch die Fähigkeiten, die Kinder beim Spielen erwerben. Um diese Defizite wieder zu beheben, werden die heutigen Kinder dann von Therapeut zu Therapeut geschleppt und üben mühsam, was sie sonst spielerisch erlernen könnten.

Lassen wir unser Kind auf einem Zaun balancieren oder auf einen Baum klettern, selbst auf die Gefahr hin, dass es sich verletzen könnte? Oder sehen wir in allem zuallererst die Gefahr und das Risiko? Es hat viel mit uns selbst zu tun, ob wir unser Kind dauernd vor den großen und kleinen Gefahren des Lebens beschützen wollen. Sind wir als Kinder je auf Bäume geklettert? Haben wir uns das je zugetraut? Eltern haben Angst, dass ihrem Kind etwas passieren könnte. Deshalb verhindern viele lieber schon im Vorhinein jede Situation, die nur irgendwie gefährlich werden könnte. Die Kinder wiederum spüren, dass man ihnen wenig zutraut. Weil sie vieles nicht ausprobieren dürfen, können sie auch nicht aus Fehlern lernen. Ein Kind lernt das Risiko nur dann einzuschätzen, wenn es selbst die Erfahrung macht.

Aber wir möchten unsere Kinder doch zur Eigenverantwortung erziehen. Wir möchten ihnen helfen, Schritt für Schritt Verantwortung zu übernehmen. Wie soll das gehen? Was kann man ihnen zumuten?

WIE VIEL DARF MAN KINDERN ZUTRAUEN? Ein Beispiel: Darf man ein Vorschulkind allein einen vier Kilometer langen Forstweg durch den Wald schicken, um seinem Vater, der dort mit Holzarbeiten beschäftigt ist, die Jause zu bringen? Damit nicht genug, das Kind muss, dort angekommen, an einem vereinbarten Platz verlässlich warten, bis der Vater kommt. Es darf sich auf keinen Fall von diesem sicheren Platz wegbewegen und in jene Bereiche gehen, in denen Bäume gefällt werden. Kann man das verantworten?

Eine Bauernfamilie aus dem Stanzertal traute genau das ihrem jüngsten Sohn zu. Sie vertrauten ihm allerdings nicht blindlings, sondern sie führten alle ihre Kinder Schritt für Schritt langsam in die Eigenverantwortung hinein.

Im konkreten Fall gingen die Eltern zuerst mit ihren vier Kindern gemeinsam den Forstweg ab. Sie zeigten ihnen alle markanten Punkte, die bei der Orientierung helfen sollten: Das ist die Stelle, wo drei Bauern angrenzen, wir nennen es das Dreiländereck! Das ist der Schwarzbeerwald! Das ist die Sonnwaldkurve! Sie übten mit ihren Kindern so lange, bis diese sich problemlos am Weg zurechtfanden.

Als Nächstes zeigten sie den Kindern den Platz, wo der Vater immer sein Auto abstellte. Genau bis dorthin durften sie gehen. An dieser Stelle mussten sie warten, bis die Motorsäge verstummte und dann sollten sie nach ihrem Vater rufen. Erst wenn der Vater Antwort gegeben hatte und somit wusste, dass seine Kinder da sind, durften sie zu ihm gehen. Regeln wie diese mussten ohne

Wenn und Aber befolgt werden. Von klein auf hatten diese Kinder gelernt, dass es Verbote und Gebote gibt, und dass diese eingehalten werden müssen. Das Bauernhaus lag zudem an einer stark befahrenen Straße. Konsequent wurden diese Kinder so erzogen, dass sie wussten: Die Straße ist tabu! Da dürfen wir nicht hin!

All das lernten zunächst die älteren Geschwister. Die Kleinen beobachteten die Großen und machten es ihnen nach. Man sagte: Die meiste Arbeit hat man beim ersten Kind. Wenn man das erste Kind gut erzieht, dann hat man es bei den Kleineren leichter, weil Kinder viel durch Nachahmung lernen.

Genau so war es beim erwähnten Jause Tragen. In den ersten Jahren legten die Stanzer Kinder den Forstweg gemeinsam zurück. Später durfte der Kleinste allein gehen. Er hat dies als Vorschulkind ohne Probleme geschafft, weil er vorher unzählige Male mit seinen größeren Geschwistern mitgegangen ist.

Diese Eltern trauten ihren Kindern viel zu. Es war auch für sie ein Wagnis, ihre Kinder selbständig gehen zu lassen. In all den Jahren kontrollierten sie regelmäßig die Einhaltung der Vereinbarungen. Dennoch, es war zwar ein kalkuliertes Risiko, aber es blieb ein Risiko.

„KINDER ZU ERZIEHEN BEINHALTET EIN HOHES RISIKO. Man muss es aushalten, dass das Kind sich verletzt und Schmerzen erfährt."[4] Kinder lernen aus Fehlern und aus dem eigenen Erleben. Wer ihnen das nimmt, nimmt ihnen die Möglichkeit, ihre Persönlichkeit zu entfalten.

Dazu wieder eine wahre Geschichte aus dem vorigen Jahrhundert: Fritz ist 13 Jahre alt und kommt gerade vom „Weihfeuertragen" zurück. Er hat am Karsamstag früh am Morgen ein Stück Baumschwamm am geweihten Feuer angezündet, diesen in eine Blechdose gegeben, und so ist er stundenlang von Hof zu Hof marschiert. In jedem Haus hat er ein kleines Stück vom glimmenden Schwamm abgeschnitten und in den Herd gelegt. Für diese Gefälligkeit bekam er überall Münzen geschenkt. Nun kommt er mit fast 30 Schilling zurück – eine gewaltige Summe für den halbwüchsigen Buben.

Da wartet schon der Cousin auf ihn, ein junger Bursch, ein paar Jahre älter und geistig leicht behindert. Er fordert ihn auf: „Gemma Karten spielen! Schnapsen!" Fritz hatte nicht viel Ahnung vom Schnapsen. In seiner Familie war Kartenspielen tabu. Der Vater war ein entschiedener Gegner des „Kartelns", er hatte zu oft gesehen, wie ein Bauer seine schönste Wiese am Spieltisch verloren hatte.

Nun, Fritz spielt und verliert alles. Der große Bursch lacht. Fritz weint. Was macht der Vater? Heute würde man vielleicht den Älteren zu Rede stellen und ihn eventuell auffordern, das Geld zurückzugeben. Manche Eltern würden unter Umständen ihrem Kind aus Mitleid sogar das Geld selbst ersetzen.

Fritz' Vater machte nichts dergleichen. Er schimpfte mit seinem Sohn: „Warum bist so blöd? Recht g'schieht dir!" Der Sohn wird nicht in Schutz genommen und muss die Konsequenzen für sein Handeln tragen. Es war schmerzlich für ihn, so viel Geld zu verlieren, und beschämend, auf diese Weise ausgenutzt zu werden. Fritz hat übrigens viel daraus gelernt und sein ganzes Leben nie mehr um größere Summen Karten gespielt.

Er und andere Kinder seiner Generation (und vieler Generationen vor ihnen) hatten noch eine Angewohnheit, die heute beinah seltsam erscheint: sie pflegten ihre Streitereien untereinander auszumachen. Man stritt sich, man raufte, aber man erzählte auf keinen Fall den Eltern davon. Die Eltern dieser Kinder interessierten sich nicht dafür, wer angefangen hat, wer was gesagt hat und wer wen gehaut hat. Sie merkten auch nicht, wenn sich die Kinder am nächsten Tag wieder versöhnt haben und wieder beste Freunde waren. Das alles war Angelegenheit der Kinder.

Heute sind die Streitereien der Kinder die Angelegenheit der Eltern. Der Berliner Autor und Vater Christian Ankowitsch beschreibt das so: Eines Tages ruft ihn der Vater von Jasmin, eines anderen Kindergartenkindes, an. Seine Tochter hat einen Kratzer an der Nase. Der Sohn habe sie geschlagen. Jasmins Vater will der Sache unbedingt auf den Grund gehen. Denn da könnte sich ja „wer weiß was daraus entwickeln". Immerhin hat es in dieser Kindergruppe schon vor ein paar Wochen einen Vorfall mit „Hauen" gegeben.

Der Vater redet mit seinem Sohn. Es stellt sich heraus, das Mädchen hatte sich auf den Rücken des Sohnes gelegt, und er sie bei dem Versuch, die Last abzuschütteln, gekratzt. Der besorgte Vater von Jasmin wird zurückgerufen. Dieser meint skeptisch, so könnte es natürlich auch gewesen sein, aber er wolle ganz sicher gehen „dass sich da nichts entwickelt".

Dazu eine kluge Bäuerin: „Die Kinder vertragen sich schon längst wieder, da streiten sich die Eltern immer noch!"

ZU JEDER KINDHEIT AM LAND GEHÖRTE FRÜHER DIE ARBEIT DAZU. Im Idealfall sah das so aus: Jedes Kind übernahm nur solche Tätigkeiten, die seinem Alter angepasst waren. Wurden die Arbeiten gewissenhaft erledigt, erlebte das Kind Wertschätzung von den Hausgenossen und reifte gleichzeitig im Laufe der Jahre zu einer vollwertigen Arbeitskraft heran.

Eine der ersten Arbeiten für kleinere Kinder ab sechs, sieben Jahren war das Viehhüten oder „Halten". Die Aufgabe der „Halter" war einfach und anspruchsvoll zugleich. Einerseits mussten sie nichts anderes tun, als darauf zu achten, dass die ihnen anvertrauten Tiere die Weidefläche nicht verlassen. Andererseits war es gar nicht so einfach, die bockigen Tiere wieder zurück auf die Weide zu bringen, wenn sie doch einmal entwischt waren.

Das heißt: Die Viehhüter-Kinder durften zwar nebenher Hausaufgaben machen oder auch spielen, aber sie sollten die Tiere nie längere Zeit unbeobachtet lassen. Unaufmerksamkeit rächte sich schnell und die Kühe oder Ziegen waren dann auf einem benachbarten Feld, wo sie natürlich nicht sein durften. Die Konsequenz daraus war nicht etwa eine Strafe der Eltern, sondern Mühe und Plagerei mit den Tieren. Wussten die nämlich einmal, wo besseres Futter zu finden war, suchten sie jede Gelegenheit zu entkommen und machten den Viehhütern das Leben schwer.

Die Kinder lernten nach und nach, eine Arbeit nach der anderen zu übernehmen. Die Mädchen lernten vieles von der Mutter, die Buben vom Vater und alle Kinder von den älteren Geschwistern. Gelernt hat man, indem man dabei war, zusah und schließlich selbst probierte. So lernte man, wie man Knödeln formt, wie man Butter macht, wie man eine Sense schärft oder auch wie man Heu auf einen Wagen schichtet. Wenn das Umfeld stimmte, die Kinder also respektvoll behandelt wurden, entstand ganz von selbst ein natürlicher Ehrgeiz.

Die Nachkommen einer Familie, in der die Kinder stets ermutigt wurden, erklären, was den Unterschied macht: „Wir haben immer arbeiten dürfen, nicht müssen. Bei uns hat es immer geheißen: Kannst du das schon? Schaffst du das schon? Man will sich als Kind ja auch messen und so viel können wie die ältere Schwester oder der ältere Bruder."

Wir wissen, dass nicht alle Kinder so viel Glück hatten und viele als ledige Kinder sehr früh zu Bauern in den Dienst mussten. Dennoch musste jedes Kind ohne Unterschied mithelfen und mitarbeiten. In der Zeit vor der Mechanisierung, also bis etwa in die 50er-, 60er-Jahre des vorigen Jahrhunderts war jede helfende Hand willkommen.

Ein Kärntner, 1944 geboren, war schon mit 12 Jahren imstande, ein Pferdefuhrwerk zu lenken. Er sagt: „Ich war stolz auf meine Leistung! Ich habe die Verantwortung für das Pferd gehabt und auch für die Fuhre hinten am Wagen. Du musst die Fuhre gut heimbringen und auch mit den Pferden kann nicht jeder gleich gut umgehen. Wenn man das alles schafft, das war schon eine Leistung!"

Mit etwa 14 Jahren war man „ausgelernt". Die Jugendlichen waren nun eine vollwertige Arbeitskraft. Ein Mädchen wusste, wie man melkt, Butter rührt, Brot bäckt oder einen Schweinsbraten zubereitet. Buben konnten im Wald arbeiten, Brennholz machen und einfache Tischlerarbeiten verrichten. Normalerweise konnten alle mit der Sense mähen, mit dem Fuhrwerk fahren und mit den Tieren umgehen.

WÄHREND MAN SICH HEUTE MIT 30 NOCH NICHT ERWACHSEN FÜHLT, war man es früher in gewisser Weise schon mit 14 Jahren. Isidor von Sevilla teilte im frühen Mittelalter das Leben eines Menschen in sechs Abschnitte ein. Auch bei ihm beginnt die „Adoleszenz", das frühe Erwachsenenalter, schon mit 14 Jahren. Gemeint ist wohl, dass in diesem Alter ein Mensch imstande sein sollte, eine gewisse Verantwortung für sich selbst zu übernehmen, aber wohl noch nicht die endgültige emotionale und geistige Reife erreicht hat. Isidor nennt dann auch das Alter zwischen 28 und 50 Jahren als das „stärkste Alter" eines Erwachsenen.

14-Jährigen traute man viele Dinge zu, doch ganz gewiss noch nicht alle. Und volljährig war man bis 1973 erst mit 21 Jahren. Aber Pubertierende und Jugendliche hatten sich bis dahin schon mehrmals bewähren müssen. Notgedrungen und nicht immer freiwillig hatten sie gelernt, ihre Bedürfnisse und Ansprüche auch einmal zurückzustellen. Sie wurden gefordert, oft sogar überfordert. Ihnen wurde viel zugetraut, und manchmal zu viel zugemutet.

Aber die meisten hatten wohl Lehrmeister, mit denen sie Schritt für Schritt ins Leben hineinwachsen konnten. Mütter und Väter, Nachbarn und Nachbarinnen, Onkeln und Tanten – lauter Menschen, die es erlaubten, dass Kinder ihnen im Alltag und bei der Arbeit zusahen, und die sie nicht wegschickten.

Etwa dieser alte Zimmermeister, der seinen Großneffen immer zusehen ließ, wenn er drechselte. Er pflegte auf Kärntnerisch zu sagen: „Tua lei zuschauen, dann wirst es schon derlernen!" Der alte Mann stand an seiner Holzdrechselbank, noch ohne Bandsäge und Motor, und der Bub stand daneben und prägte sich jeden Handgriff ein. Als der Großonkel gegangen war, dachte sich das Kind: „Das probier ich auch!" Ohne Erlaubnis setzte er das Gerät in Gang und versuchte, auch zu drechseln. Dabei passierte ihm ein Missgeschick: mit dem scharfen Messer hatte er einige Scharten in die Drechselbank geschnitten.

Der Onkel bemerkte die Scharten am nächsten Tag sofort und rief den Buben zu sich. „Hast du gedrechselt?" „Ja!" Der Bub wird nicht geschimpft, sondern der Onkel sagt: „Schauen lassen!" Er will das Werkstück sehen. Das ist dem Kind peinlich, aber dennoch zeigt es her, was es gedrechselt hat. Nun wird der Großonkel zum wahren Lehrmeister. Er nimmt sich Zeit und zeigt dem Kind ganz genau, wie es richtig geht: „Schau, das musst du so machen und das so."

Ab diesem Tag ist der Bub in jedem freien Moment in der Werkstatt. Der alte Mann kann weitergeben, was er weiß und sein Schüler darf von ihm lernen. Beide genießen die Stunden an der

Werkbank, an der sie schließlich als fast gleichberechtigte Partner arbeiten.

Dann, auf seinem Sterbebett, eine Woche vor seinem Tod, ruft der alte Zimmermeister seinen Neffen, inzwischen ein erwachsener Mann, noch einmal zu sich. In den Wochen der Krankheit ist ihm klar geworden, dass er Wissen über Details des Zimmereihandwerks besitzt, das er seinem Neffen noch nicht anvertraut hat. Das alles gibt er ihm nun als sein Vermächtnis weiter. Als der Neffe davon erzählt, ist auch er ein alter Mann, 82 Jahre, aber an das, was in diesen letzten Stunden gesprochen wurde, erinnert er sich noch fast wörtlich genau.

EINFACH GUT ESSEN
Mehr als Kraut und Rüben

EINE SUPPE ZUM FRÜHSTÜCK. Was viele nicht wissen: Frühstück war bei uns lange gleichbedeutend mit „Suppenessen". Wer „Suppe" hörte, dachte an Frühstück oder vielleicht an Abendessen, niemals aber an eine Art Vorspeise. Die Idee, Suppe vor der Hauptspeise zu servieren, bürgerte sich am Land erst relativ spät ein. Es war ursprünglich eine höfische Gewohnheit des Adels, die von dort langsam ins Volk sickerte.

Die Suppe war keine appetitanregende Vorspeise, sondern ein Gericht für jede Tageszeit. Suppen gab es zum Frühstück, als Vormittagsjause, gelegentlich zu Mittag und oft als leichtes Abendessen. Die klassische Frühstückssuppe war bei uns früher die gesunde und wohlschmeckende Saure Suppe, die es wirklich wert wäre, wiederentdeckt zu werden. Wasser wurde mit Salz und Kümmel zum Kochen gebracht, Sauermilch oder Buttermilch mit etwas Mehl verrührt, in das kochende Wasser gegeben, einmal aufgekocht, fertig. Damit auch alle satt wurden, goss man diese heiße Suppe über hart gewordene Brotstücke oder aß gekochte Erdäpfel oder einen Sterz dazu.

Diese würzig-saure Suppe wurde morgens nicht sofort nach dem Aufstehen gegessen, sondern erst nach der Stallarbeit. Wenn man sich zum Frühstückstisch setzte, war man also schon etwa eine Stunde in Bewegung gewesen. Nun hatte man Appetit und richtigen Hunger.

Die „Saure Suppn", sie wurde auch Stosuppe oder Schottsuppe genannt, war ein Grundnahrungsmittel wie Brot, Erdäpfel oder

Kraut. Sie wurde mit Sauermilch, Buttermilch, Sauerrahm oder mit Schottentopfen zubereitet. Eine Besonderheit dieser bekömmlichen Suppe war, dass man ihrer nicht überdrüssig wurde. Man konnte sie Tag für Tag ein ganzes Leben lang essen. Sie wärmte den Magen, war leicht verdaulich, sättigte durch die Beilagen und schmeckte unaufdringlich gut.

In Bayern wird sie auch Herbstmilchsuppe genannt. Der Name erinnert an Zeiten ohne Kühlschrank, als im Herbst die frische Milch in Bottichen gesammelt und im Keller aufbewahrt wurde. Die Milch dickte ein, wurde sauer und somit über den ganzen Winter haltbar. Die niederbayrische Bäuerin Anna Wimscheider benannte sogar ihre Lebenserinnerungen nach dieser Suppe (Film und Buch „Herbstmilch").

Heute würden wir spontan sagen, Suppe zum Frühstück ist nicht Teil unserer Kultur. Dennoch ist die Frühstückssuppe uralte Bauernkost. Sie ist nur in Vergessenheit geraten, als die Umwälzungen am Land Mitte des vorigen Jahrhunderts vieles hinwegfegten, auch die alte Suppenkultur.

Mit ihrer Vorliebe für Suppen waren unsere Vorfahren echte Trendsetter. Denn derzeit wachsen die Suppenlokale in den großen Städten wie Schwammerl aus dem Boden. Sie alle bieten warme Suppen als schnelles Mittagessen und zum Mitnehmen an. Diese neue Kultur des Suppenessens ist von Asien inspiriert. In der Traditionellen Chinesischen Medizin (TCM) gilt die Suppe, auch die Frühstückssuppe, als Heilmittel. Suppe am Morgen belastet den Magen kaum, wärmt und gibt viel Energie für den Tag. Das ist altes Ernährungswissen, das in unseren Breiten leider völlig vergessen worden war – aber jetzt vielleicht ein Revival erlebt!

UM PUNKT 12 WIRD GEGESSEN! Man aß pünktlich. Vor allem zu Mittag konnte die Uhr danach gerichtet werden. Um Punkt 12 oder, nach ganz alter Sitte, um 11 Uhr erschienen alle bei Tisch. Vormittagsjause war um 9 Uhr, die Nachmittagsjause um 16 Uhr. Immer erschienen alle und immer zur gleichen Zeit. Das Frühstück fiel niemals aus, etwa weil alle es eilig haben. Genauso wenig das Mittagessen oder das Abendessen.

Bevor wir diese Pünktlichkeit belächeln, sollten wir kurz innehalten. Forscher der Universität Pennsylvania fanden heraus, dass pünktlich zu essen schlank hält. Zumindest bei Mäusen führen bereits relativ geringe Veränderungen der Essenszeiten zu Übergewicht. Schuld daran ist die innere Uhr. Gerät diese außer Takt, meldet sich der Hunger zu anderen Tageszeiten und man nimmt, trotz gleicher Kalorienaufnahme, an Gewicht zu.

Unsere tägliche Nahrungsaufnahme wird von einem sogenannten Uhr-Gen gesteuert. Dieses Gen löst in der Schaltzentrale des Gehirns, im Hypothalamus, die Lust auf Essen aus. Wenn wir beispielsweise immer pünktlich um 12 Uhr mittags essen, haben wir auch immer um diese Zeit Hunger. Funktioniert dieser Zeitmesser nicht mehr, kann das zu Übergewicht führen.

Mindestens drei Mal täglich traf man sich zu den Mahlzeiten. Ein paar Minuten vorher gab es den Essensruf, wie zum Beispiel: „Zum Essen kemmts!" Oder ein vereinbartes akustisches Signal, etwa das laute Klappern mit zwei Brettchen. Dann kamen ausnahmslos alle, die zu Hause waren, zum Esstisch. Jeder hatte seinen Stammplatz entsprechend seiner Stellung im Haus. Bauer und Bäuerin saßen einander meistens gegenüber, ihnen am nächsten die ranghöheren Dienstboten. Nicht nur dieses Detail erinnert an die Rangordnung bei Hofe. Auch, dass in vielen Häusern der Bauer den ersten Bissen nehmen durfte, bevor alle anderen zulangen konnten, zeigt die klare Hierarchie am Bauernhof.

Oft sprach man noch stehend ein Tischgebet, bevor man sich

setzte. Nun wurde schweigend gegessen, aber nicht hastig. Zu reden oder das Essen zu verschlingen galt als schlechtes Benehmen. Wenn man so will: Es herrschte andächtige Ruhe beim Essen.

Gegessen wurde bis in die 1950er-Jahre aus einer gemeinsamen großen Schüssel. Das muss man sich beim Suppenessen folgendermaßen vorstellen: Eine Schüssel aus Steingut oder Keramik im Durchmesser von etwa 50 Zentimetern wird mitten auf den Tisch gestellt. Sie ist randvoll mit der guten Suppe. Gab es Sterz dazu, wurde das Essen auf zwei Ebenen serviert: zuerst die Schüssel mit Sterz, darauf eine Art Holzkreuz, auf dem die Suppenschüssel stand. So konnte man abwechselnd aus beiden Schüsseln löffeln. Alle saßen um den Tisch und – ganz wichtig – jeder hatte seinen eigenen Löffel. Das ist wörtlich gemeint. Jeder Löffel wurde immer nur von der gleichen Person benützt, nach Gebrauch von dieser gereinigt und an einem vorgesehenen Ort (in einer Schlaufe unter der Tischplatte) aufbewahrt.

Gemeinschaft und Regelmäßigkeit – das waren die Grundpfeiler der alten Tischkultur. Jeder kann es selbst ausprobieren. Zusammen essen tut gut. Nach einem gemeinsamen Essen in einigermaßen guter Atmosphäre fühlt man sich entspannt. Hat man allein gegessen, ist man lediglich satt. Die entspannende Wirkung einer gemeinsamen Mahlzeit lässt sich sogar mittels EEG nachweisen. Isst man in Gesellschaft, fühlt man sich danach gelöster und zufriedener als nach einer allein eingenommenen Mahlzeit.

DER DUFT DER ERDÄPFEL. Gerüche sind starke Erinnerungen. Uns rinnt das Wasser im Mund zusammen, wenn wir an den Duft von bestimmten Speisen denken, an frisch gebackenes Brot, an einen Braten aus dem Ofen oder an geröstetes Gemüse. Aber Erdäpfel?

Man stelle sich vor: Ein ganzer Kessel davon wird morgens auf den Herd gestellt. Die Erdäpfel köcheln langsam vor sich hin. Der Deckel wird abgenommen, und da liegen sie, duftend mit leicht aufgesprungener Schale. Eigentlich sind diese Erdäpfel Saufutter, denn es ist Herbst und es ist Mastzeit. Im Herbst, kurz vor dem Schlachten, werden auch die Schweine verwöhnt und bekommen nur das Beste. Zu diesem Zweck werden die Erdäpfel nun gestampft. Dabei entsteht ein wunderbarer Duft. Wie gut, dass man vorsorglich ein paar davon für die Vormittagsjause beiseite gelegt hat. Zur sauren Suppe schmecken sie herrlich!

Eine weitere Episode: Kinder helfen bei der Ernte. Am späten Nachmittag holen sie sich ein paar Erdäpfel, machen ein kleines Feuer am Feldrand und braten sie in der Glut. Dann essen sie die heißen Erdäpfel gleich mit der Hand. Die Schale ist leicht angebrannt und knusprig, das Innere ist butterweich. Ein Festessen für die Kinder.

In beiden Fällen wurden die Erdäpfel nicht gesalzen. Der Geschmack der Kartoffeln war völlig ausreichend. Das sagt einiges über die Essgewohnheiten aus. Wir haben uns angewöhnt, viel zu salzen. Genau das Gegenteil war früher der Fall. Gerade über Erdäpfel wurde mir oft berichtet, dass sie einfach so, ganz ohne Salz gegessen wurden. Das mag zum Teil daran liegen, dass die alten Sorten aromatischer geschmeckt haben als heutige Hybridkartoffeln. Aber vor allem lag es am feinen Gaumen der Leute, der noch nicht durch Geschmacksverstärker und künstliche Aromen verdorben war.

Die traditionelle österreichische Landküche stellt man sich nicht gerade gesund vor. Man denkt an riesige Fleischportionen, an Knödel und an Mahlzeiten, die vor Fett triefen. Das stimmt nur bedingt. Die Alltagsküche war einfach und bescheiden und in mancher Hinsicht sogar durchaus gesund.

Vor dem Mittagessen gab es häufig als eine Art Vorspeise Kraut mit Kartoffeln. Rohes oder gekochtes Sauerkraut, serviert in einer großen Schüssel, dazu gekochte Erdäpfel, ebenfalls in einer großen Schüssel. Nun langte man zu. Man aß einen Erdäpfel (ohne Salz!) und nahm eine Gabel voll Kraut.

Man sagte: Montag Knödeltag, Dienstag Nudeltag, Mittwoch Strudeltag, Donnerstag Fleischtag, Freitag Fasttag. Fleisch gab es sonntags und vielleicht noch am Donnerstag, also höchstens zwei Mal in der Woche. Die Reste vom Sonntagsbraten wurden in den Montagsknödeln verarbeitet. Völlig fleischlos war neben dem Freitag auch der Mittwoch. An den restlichen Tagen gab es Fleisch nur in Spuren, etwa in kleinen Stücken über das Sauerkraut gestreut. Das gilt selbstverständlich nicht generell – es gab große, reiche Bauernhöfe, die öfter Fleisch auf dem Speiseplan hatten.

Was jedoch in vielen, weniger wohlhabenden Häusern früher auf den Tisch kam, liest sich wie eine zeitgemäße Ernährungsempfehlung: wenig Fleisch, selten Eier, dafür viel gesundes Sauerkraut, praktisch nie mit Zucker Gesüßtes, sehr selten weißes Weizenmehl, dafür oft Roggenbrot und in manchen Gegenden viel Polenta, nur an Sonn- und Festtagen Bohnenkaffee, sonst selbst gemachter Gerstenkaffee und ausschließlich regionale und saisonale Produkte.

EIN RENNER AUF YOUTUBE ist ein Vortrag, den Professor Robert Lustig am 16. Mai 2009 gehalten hat. Seine Rede wurde mehr als 5,4 Millionen Mal angeklickt. Lustig wusste nicht einmal, dass er gefilmt wurde, von YouTube hatte er bis dahin noch nie gehört, und so wurde er ungewollt zum Internet-Star. Sein Vortrag aber schlug wie eine Bombe ein. Er hieß „Zucker, die bittere Wahrheit" und brachte erstmals eine ungeheure Vermutung in die breite Öffentlichkeit. Der Professor behauptete, dass Zucker wie eine Droge wirke, dass er wie Alkohol die Leber schädige und den Stoffwechsel aus dem Gleichgewicht bringe.

Lustig ist ein renommierter Forscher und Experte für Hormonstörungen und Übergewicht bei Kindern. Er gibt dem Zucker, den die Lebensmittelindustrie ihren Produkten zusetzt, die Schuld, dass die Menschen seit etwa drei Jahrzehnten in beängstigender Weise dick werden. Seiner Ansicht nach sind weder Fresslust noch Trägheit, noch zu viel Fett oder zu viele Kohlenhydrate schuld am Übergewicht, sondern in erster Linie der extrem hohe Zuckerkonsum.

In den vergangenen 50 Jahren hat sich der Verbrauch an Zucker weltweit verdreifacht. Immer mehr Fertiglebensmittel werden gesüßt. Zucker steckt nicht nur in Süßigkeiten und in süßen Getränken, sondern auch in Produkten, wo man ihn gar nicht vermuten würde. Wir finden Zucker in Wurst, Brot, Frischkäse, geräuchertem Lachs, panierten Schnitzeln und in Pizzen. Fast kein Fertigprodukt kommt ohne Süßung aus. Die Hälfte aller Lebensmittel im Supermarkt enthält Zucker!

Der Grund liegt auf der Hand: Zucker schmeckt gut und macht Appetit auf mehr. Anders als Fette, Eiweiße oder Kohlehydrate, die im Darm zuerst aufgespalten oder umgewandelt werden müssen, gelangt Zucker auf direktem Weg ins Blut. So schnellt der Blutzuckerspiegel in die Höhe, aber auch rasch wieder ab. Deshalb wird man schnell wieder hungrig. Wer Zucker isst, neigt dazu, viel mehr zu essen als er benötigt.

Ist man erst einmal an Zucker gewöhnt, will man ohne ihn nicht mehr leben. Ungesüßte Lebensmittel schmecken uns dann nicht mehr. Das Fatale ist, dass wir nach Zucker süchtig werden können. Dies belegen zumindest Tests an Mäusen, die zu wahren Zucker-Junkies wurden. Man bot ihnen neben ihrem gewohnten Futter außerdem noch Zuckergel, Softdrinks, Marshmallows und

Frühstücksflocken an. Schon nach kurzer Zeit fraßen die Tiere überhaupt nichts anderes mehr. Sie verloren völlig die Kontrolle über ihr Essverhalten. Sie fraßen und fraßen und wurden dick und apathisch. Der Grund: Zucker aktiviert im Gehirn das Belohnungszentrum und erzeugt die gleichen Aktivitätsmuster wie süchtig machende Drogen.

Viele von uns wären vermutlich auf Zucker-Entzug, müssten sie so leben, wie es noch vor etwa 50 Jahren am Land üblich war. Zucker war ein seltenes Genussmittel. Süßes gab es fast nur in Form von Honig, Obst oder Trockenfrüchten. Zucker wurde in der Alltagsküche praktisch nie verwendet. Auch ein Milchbrei, ein „Koch" oder ein „Tommerl" wurde nicht gesüßt, höchstens am Sonntag mit ein paar Dörrzwetschgen verfeinert. Das „Muas", eine Art Schmarren, wurde ebenfalls ungesüßt gegessen. Waren im Sommer Kirschen reif, wurden diese dem Mus beigefügt, auch Schwarzbeeren und im Herbst Äpfel – Zucker wäre nie dazugekommen. Noch einmal zur Erinnerung: Hier ist nicht von der Ernährung im Mittelalter die Rede! So ernährten sich Menschen, die heute 70, 80 Jahre alt sind.

OHNE ZUCKER LEBEN. Keine einzige Speise wurde also gesüßt. Wie auch, es gab kaum Zucker im Haus, nur ein paar Stück Würfelzucker oder, nach altem Brauch, den sogenannten Zuckerhut. Dieser fest gepresste Kegel aus Zucker war steinhart und dadurch nicht besonders ergiebig. Brauchte man Zucker, schabte man ein bisschen ab oder schlug ein Stückchen herunter, um es danach zu zerkleinern. Es lag in der Natur der Sache, dass so ein Zuckerhut sehr, sehr ausgiebig war.

Viele Dinge haben sich in den vergangenen fünf, sechs Jahrzehnten im bäuerlichen Bereich verändert. Pferde und Ochsen werden nicht mehr als Arbeitstiere verwendet. Maschinen ersetzten sowohl die menschliche als auch die tierische Arbeitskraft. Und aus den autarken Höfen, die alles selbst erzeugten, was sie benötigten, wurden hochspezialisierte Betriebe. Da man es früher gewöhnt war, sich komplett selbst zu versorgen und so wenig wie möglich zu kaufen, hielt man es auch beim Zucker so. Er war neben Salz und Kaffee eines jener Lebensmittel, das zugekauft werden musste. Aus diesem Grund wurde Zucker nur in geringen Mengen gekauft und selten verwendet.

Mehrere meiner Gesprächspartner erinnerten sich noch an den Moment, als das erste Mal Zucker im Haus war. Ein kluger Kärntner Altbauer nannte es „die Zeit, als der Zucker gekommen ist". Er schätzt das Verhältnis des Zuckerverbrauchs damals zu heute auf 1:50. Zucker wurde offen in kleinen Mengen beim Kaufmann gekauft. Rieselzucker kaufte man nur gerade so viel, als man zum Backen brauchte. Würfelzucker wurde in der Speisekammer aufbewahrt und war *die* Versuchung für Kinder. Immer wieder legten sie es darauf an, ein Stückerl zu stibitzen. Der Zuckergeschmack war eine Sensation und süßer als alles, was man bisher kannte.

Um zu verstehen, wieder eine kleine Geschichte: In den 1940er-Jahren spielen Kinder beim Sandhaufen des Nachbarn. Die Bäuerin möchte den Kleinen eine Freude machen und bringt ihnen Naschereien. Keine Schokoriegel, keine Gummibärchen, sondern Dörrzwetschgen und Kletzen, also getrocknete Birnen. Die Kinder freuen sich sehr über diese unverhoffte Leckerei. Dieselben Kinder helfen später einem anderen Nachbarn beim Kühetreiben. Als Belohnung dürfen sie sich Obst von den Bäumen nehmen, eine Birne oder ein Apfel – welch süße Köstlichkeit.

Szenenwechsel – Ennstal in den 1950er-Jahren. Ein paar Buben kommen auf ihrem Schulweg regelmäßig an einem Birnbaum vorbei. Allerdings steht dieser in einem eingezäunten Garten und ist so unerreichbar für die Kinder. Ein paar der Birnen sind zwar auf die Straße gefallen, aber die sind leider völlig zermatscht. Doch eines Tages, als sie wieder vorbeigehen, sehen sie, dass der hohe Zaun an einer Stelle niedergebrochen ist. Gleichzeitig sehen sie im Garten Birnen – unversehrt – auf dem Boden liegen. Sie hüpfen schnell über den Zaun und schnappen sich die guten Birnen. Zwar wurden sie später ordentlich ausgeschimpft, aber die Birnen „waren soo gut!"

Zuckerhaltige Limonaden gab es damals auch schon, etwa das legendäre rote Kracherl, eine picksüße kohlensäurehaltige Himbeerlimonade. Es gab außerdem Brausepulver, das man mit Wasser aufgießen oder – sehr beliebt – gleich aus der Packung schlecken konnte.

Den Umgang mit süßen Getränken handhabe man generell so wie diese steirische Bauernfamilie: Als Belohnung nach der Heuarbeit gab es immer Almdudler für die Kinder. Die Limonade war etwas Besonderes, das es nur selten gab. Zwei kleine Flaschen wurden auf sieben Kinder aufgeteilt. Das war ein kleines Glas für jeden. Niemand murrte. Im Gegenteil, alle freuten sich schon darauf und schwärmen heute noch davon.

AUF DER SUCHE NACH DEM VERLORENEN GESCHMACK. Ein Apfel als Delikatesse, eine Birne als Süßigkeit, ungesalzene Erdäpfel, rohes Sauerkraut – wer das gerne isst, hat die Fähigkeit noch nicht verloren, echte, naturbelassene Aromen zu schmecken.

Vor ein paar Jahren wurden 385 Schulkinder im Alter zwischen 10 und 13 Jahren aus ganz Österreich getestet, ob sie die Geschmacksarten süß, sauer, salzig und bitter unterscheiden können. Das Ergebnis war niederschmetternd. Drei Viertel aller Kinder fielen beim Geschmackstest durch. Nur 27,3 Prozent erkannten alle vier Grundgeschmacksarten. Die meisten (71 Prozent) konnten nur „süß" erkennen, 8,1 Prozent der Kinder überhaupt keine einzige Geschmacksrichtung.

Kinder aus ländlichen Gebieten schnitten dabei eindeutig besser ab als Stadtkinder. Auch Kinder, die nachgewiesenermaßen öfter Obst und Gemüse aßen, konnten Geschmacksrichtungen besser unterscheiden als Kinder, die häufig süße Getränke und eher Weißbrot als Vollkornbrot zu sich nahmen. Erstaunlicherweise konnten Kinder, die gerne Leitungswasser tranken, besser Süßes erkennen als Kinder, die Softdrinks und stark gezuckerte Getränke bevorzugten.

Die Fähigkeit zu schmecken wird früh ausgeprägt. Was man nicht kennt, lehnt man ab. In einem Versuch bot man Kindern eine frisch gemachte Gemüsesuppe an und eine „Aromabombe", eine Suppe aus der Dose. Die meisten Kinder bevorzugten die industriell gefertigte Geschmacksexplosion. Viele von ihnen hatten noch nie eine Tomate oder eine Gurke roh gegessen.

Man sagt: „Was der Bauer nicht kennt, isst er nicht." Diese Abneigung gegen ungewohnte Lebensmittel hat einen Namen, man nennt sie *Neophobie*. Damit ist gemeint, dass man nur das gerne isst, was einem als Kind regelmäßig angeboten wird. Neophobie ist angeboren. Bis zum Alter von 2 Jahren wollen Kleinkinder überhaupt nichts anderes essen als das, was sie gewohnt sind. Danach beginnt die „Geschmackserziehung". Kinder lernen Vorlieben, indem sie mit bestimmten Lebensmitteln in Kontakt kommen. Bekommen sie häufig Speisen mit starken Aromen wie Glutamat oder reichlich Zucker, wird ihr Geschmack in diese Richtung geprägt.

Die Menschen kannten früher sicher viel weniger Speisen als heute. Aber es waren „ehrliche" Lebensmittel, die auf den Tisch kamen. Die Zutaten waren im eigenen Garten geerntet, die Gerichte selbst gekocht und sparsam gewürzt.

Man konnte zwar nur wenige Sachen zubereiten, die aber richtig! Schon mit 11, 12 Jahren durften die Mädchen – ja, Buben waren leider kaum dabei – beim Kochen helfen. Nach ein paar Jahren konnte jede etwa zwei Dutzend Speisen kochen und kannte alle Tricks und Kniffe der Mutter, die diese wiederum von ihrer Mutter gelernt hatte.

SAUERKRAUT AUF ALTE MÜHLVIERTLER ART geht so: Reichlich Schmalz oder Grammelschmalz wird ordentlich erhitzt. Nun kommt's drauf an. Wenn man das Fett über das gekochte Kraut gießt, muss es ordentlich prasseln. Dann gibt es einen richtigen Zischer. Diesen Vorgang nannte man „abschmalzen".

Wo ordentlich abgeschmalzen wurde, da wurde nach Meinung der Menschen gut gekocht. Die Dienstboten erwarteten eine derartige Küche, sonst hätten sie den Arbeitsplatz bei nächster Gelegenheit gewechselt.

Ja, das lässt sich nicht wegdiskutieren: früher wurde fett gekocht. Man sagt heute gern, dass so viel Fett notwendig war, weil die Menschen körperlich so hart arbeiteten. Das mag teilweise stimmen. Schmalz sorgte dafür, dass die Speisen „ausgiebig" waren, also lange satt machten. Vielleicht war das Fett aber auch ein Ausgleich dafür, dass relativ selten Fleisch am Speiseplan stand – und die Mengen der verfügbaren Lebensmittel überhaupt wesentlich kleiner waren.

Schmalz hatte einen großen Wert. Ob Butterschmalz oder Schweineschmalz, der Schmalzkübel im kühlen Keller durfte das ganze Jahr über nicht leer werden. Wenn das gelang, hatte man gut gewirtschaftet. Solange noch Schmalz im Kübel war, hatte die Familie noch genug zu essen. Ging aber der Schmalzvorrat zu Ende, drohten magere Zeiten. Schmalz war so etwas wie das Sinnbild von bescheidenem Wohlstand. Das muss man verstehen, ehe man über diese Zeiten urteilt. Trotz der kalorienreichen Kost war früher kaum jemand dick. Im Gegenteil, die meisten Leute waren schlank, und übergewichtige Kinder, die gab es auf den Bauernhöfen praktisch nicht.

Das Schmalz stammte vom Fett der eigenen Sau. Dafür musste vorgesorgt werden und deshalb legte man große Sorgfalt auf die Schweinemast. Ziel war eine Speckseite, die ein handbreit dick war. Dieser Speck soll, so wurde mir von mehreren Seiten versichert, legendär geschmeckt haben. Fest und aromatisch, heute vergleichbar mit Speck von Bioschweinen, Mangalitza- oder Turopolje-Schweinen.

Besonders der Speck und das Fleisch von den Almschweinen, die den ganzen Sommer frei auf den Almen herumlaufen konnten, soll köstlich gewesen sein. Sie ernährten sich von der Molke, die bei der Buttererzeugung anfiel, und von allem, was sie bei ihren Streifzügen auf der Alm entdeckten. Oft bekam die Sau auf der Alm Junge und lief dann mit ihren Ferkeln auf der Suche nach Grünfutter völlig unbeaufsichtigt frei herum. Abends gingen die Tiere von selbst in den Stall zurück. Das ist artgerechte Tierhaltung, die es so heute leider kaum mehr gibt. Seit auf den Almen keine Milchkühe mehr gehalten werden und somit keine Butter mehr erzeugt wird, gibt es auch keine Almschweine mehr. Schade, früher waren sie ein Kennzeichen einer bewirtschafteten Alm – eine Alm ohne Schweine, das war undenkbar.

UNSER KULINARISCHES ERBE. Die Gelbe Suppe mit dreierlei Fleisch und gewürzt mit Safran gab es nur in Kärnten, den Heidensterz aus Buchweizenmehl kannte man hauptsächlich in der Oststeiermark, dafür war hier die Schottsuppe aus dem Schottentopfen unbekannt, die nur in Gegenden, wo viele Rinder gehalten wurden, gekocht wurde. Dampfnudeln mit Sauerkraut kannte man in Salzburg, den bröseligen Steirerkas im Ennstal und in Kärnten die gefüllten Nudeln. Was ein warmer Salat ist, weiß man nur in der südlichen Steiermark, dort kennt man auch Ritschert. Dafür waren Erdäpfelknödel hier früher praktisch unbekannt, die eher in Oberösterreich beheimatet sind, genau so wie die herrlichen Leinölerdäpfel.

Dass regional so verschieden gekocht wurde, ergibt Sinn und ist kein Zufall. In Schmalz ausgebackene Krapfen finden wir überall dort, wo auf offener Flamme in der Pfanne gekocht wurde. Dies war vor allem im Gebirge der Fall, wo solche Speisen auf den Almhütten und von den Holzknechten zubereitet wurden. In den östlichen Teilen des Landes finden wir dafür Speisen, die im Ofen gebacken werden, wie Tommerl und Strudel. Bei den „Körndlbauern" im Flachland, die Getreide anbauten, finden wir viele Arten von Sterz, bei den „Hörndlbauern", die Viehzucht betrieben, Milchprodukte wie Schotten, Käse und Butterschmalz.

Die Südoststeiermark ist ein traditionelles Schweinezuchtgebiet, darum pflegte man hier an heißen Sommertagen als leichte Mahlzeit einen warmen Salat zu essen. Dafür erwärmt man Grammelschmalz, fügt ein wenig Essig dazu und gießt das Ganze noch warm über grünen Salat. Damit man auch satt wurde, gab es dazu ein paar weich gekochte Eier und viel Brot.

Das an ungesättigten Fettsäuren reiche goldgelbe Leinöl finden wir im Mühlviertel. Hier war einst eine Hochburg des Textilhandwerks, dafür wurde Flachs angebaut, aus dessen Samen das Leinöl gewonnen wird.

Der bröselige Schotten war früher Bestandteil jeder Morgen- und Abendsuppe in den Gebirgstälern. Heute ist er vom „Aussterben" bedroht, da er eigentlich ein Abfallprodukt der Butter- und Käseherstellung ist und aus diesem Grund auf den Almen hergestellt wurde. Er ähnelt dem Topfen, schmeckt aber leicht säuerlich. Topfen wird aus Sauermilch, Schotten hingegen aus Buttermilch gewonnen.

Seit mehr als einem Jahrzehnt bin ich im Land unterwegs, um Gespräche mit Menschen zu führen. Einer der schönsten Nebeneffekte ist, danach zum Essen eingeladen zu werden. Sehr oft bekam ich Speisen, die ich noch nie zuvor gegessen hatte. Gerichte, die es nur in diesem Bundesland, in dieser Region, in diesem Tal gibt und nirgends sonst.

Wie kann man diese „Artenvielfalt" erhalten? Den Erdäpfelschädel[5] aus dem Mühlviertel, die z'ammg'legten Knödel[6] aus Salzburg, den Bohnenstrudel aus dem Burgenland und Talggn[7] und Flöggn[8] aus Kärnten? Ganz einfach: durch Essen und Kochen! Vergessen wir nicht, wie diese regionalen Spezialitäten zubereitet werden, und falls wir es nicht mehr können, lassen wir es uns zeigen. Besser noch: Lassen wir uns von Menschen bekochen, die wirklich wissen, wie es schmecken soll. Dann wird aus dem „kulinarischen Erbe" vielleicht eine neue Lieblingsspeise.

UNSER TÄGLICHES BROT

Was es wert ist und wie es schmecken kann

EINES TAGES BESCHLOSS DIE BLOGGERIN MALIN ELMLID, nur mehr wirklich gutes Brot zu essen. Für Elmlid ist das Brot, wie sie es aus ihrer Kindheit in Schweden kennt: Weißbrot, außen knusprig und innen saftig und flaumig. Die in Berlin lebende junge Frau backt seitdem ihr eigenes Brot. Das ist weiter nicht ungewöhnlich. Aber, von Anfang an verschenkte Malin ihr Brot auch großzügig an Freunde und Bekannte. Nach und nach bekam sie Dinge zurückgeschenkt und so wurde Malin zur „Brottauscherin".

Elmlid arbeitet in der Modebranche und ist viel unterwegs. Eine Zeitlang versuchte sie, überall wo sie hinkam, das beste Brot der Stadt zu finden. Tatsächlich wurde sie in einigen Städten fündig. Nur in Berlin, ihrer Wahlheimat nicht. Hier gab es zwar gutes dunkles Brot, aber keines, das sie an ihre Kindheit in Schweden erinnerte. Dort isst man Brot zu Muscheln und zu Fisch. Da passt kein dunkles Roggenbrot, es muss ein gutes Weißbrot sein!

Nur wer schon einmal richtig gutes Weißbrot gegessen hat, kennt den Unterschied zu den pappigen Produkten aus manchen Billigbäckereien und Supermärkten. Uns Österreichern hilft vielleicht der Vergleich mit einer echten Bäckersemmel. Außen resch und innen saftig, natürlich ohne Backmischung und von Hand gemacht soll sie sein. Wer so ein Semmerl je probiert hat, weiß, dass es selbst nach einem Tag noch um Klassen besser schmeckt als ein aufgebackener Teigling aus der „Backbox".

Von dieser Sehnsucht nach dem guten Geschmack des (echten) Brotes war Malin also getrieben, als sie zu backen begann. Sie wusste aus ihrer Kindheit, wie es schmecken sollte, und sie übte und probierte so lange, bis ihr das in ihren Augen perfekte Sauerteigbrot gelang. Für das an ihre Freunde verschenkte Brot bekam sie im Gegenzug Konzertkarten, Bücher, Gitarreunterricht oder auch Yogastunden. Als „Brottauscherin" reist Malin rund um den Erdball und hat seither stets ihren eigenen Sauerteig mit – und backt Brot. In Indien, Afrika, Australien, Mittelamerika, den USA oder Japan, überall hat sie schon ihr Brot gebacken und es verschenkt oder getauscht. In fünf Jahren hatte Elmid nur ein einziges Mal das Gefühl gehabt, beim Tausch für ihr selbst gebackenes Brot etwas Beliebiges und Gedankenloses zu bekommen. Die Menschen geben ihr für ihr Brot immer ganz persönliche Dinge. Es sind Tauschobjekte, auf die die Menschen stolz sind, und die sie gerne teilen, etwa selbst gemachte Marmelade oder eine Fahrradreparatur.

Paul Horn backt seit dem Jahr 2002 Brot. Sein Bauernhof liegt auf 1332 Meter Seehöhe in Bretstein im Murtal, direkt an der alten Salzstraße nach Oppenberg. Sein Holzofenbrot ist mehrfach preisgekrönt und absolut unverkäuflich. Paul Horn kennt Malin Elmlid nicht, und doch kam er schon lange vor ihr auf die gleiche Idee, nämlich gutes selbst gebackenes Brot zu verschenken. Die wirklich guten Dinge sind, wie man weiß, unbezahlbar. Gäbe es ein Reinheitsgebot für Brot, Paul Horn hätte es „gepachtet". In sein Brot kommt nur Roggen, Salz und Wasser, sonst nichts. Selbstverständlich auch Sauerteig, aber der besteht ja ebenfalls aus den drei erwähnten Grundzutaten. Kein Koriander, kein Kümmel, kein Anis, kein anderes Gewürz. Er macht es so, wie es schon seine Mutter gemacht hat. Er sagt: „So habe ich den reinen Brotgeruch. Sonst hätte ich den Gewürzgeruch. Das will ich nicht."

Die meisten Laibe werden regelmäßig verschenkt. An wen? Das weiß er noch gar nicht, während er am Wochenende zwölf Laibe backt. Es wird sich zeigen, wer in den nächsten Tagen zu Besuch kommt oder kurz vorbeischaut. Auf jeden Fall verlässt jeder, ob lieber Freund oder Nachbar, mit einem Brotlaib in der Hand das schöne alte Bauernhaus. Paul sagt: „Nehmen füllt die Hände, Geben füllt das Herz." So ist er nach ein paar Tagen zwar alle seine Brotlaibe los, aber es macht ihn richtig froh.

PAUL WEISS, WAS SEIN BROT WERT IST, dennoch oder gerade deshalb verkauft er es nicht. Es ist weit mehr als bloß eine Mischung aus Mehl, Salz, Wasser und Sauerteig. Es ist ein Hausbrot. Also ein Brot, das im Haus im eigenen Holzofen mit eigenen Händen und mit viel Zeitaufwand und Geduld gebacken wurde.

Wer Brot backt, muss sich Zeit nehmen. Paul Horn braucht mindestens fünf Stunden dafür. Kneten, den Teig gehen lassen, den Ofen heizen, den Teig in die Brotkörbe geben und nochmals gehen lassen, und schließlich der Backvorgang – all das erfordert Aufmerksamkeit und innere Ruhe. Schnell geht hier gar nichts. Wenn man sich beeilen will, misslingen die Laibe garantiert. Paul sagt, er kann auf diese Weise zur Ruhe kommen. Stundenlang beschäftigt er sich also mit nichts anderem als dem Brotbacken.

Das Tempo wird vom Teig und vom Ofen vorgegeben. Ist die Temperatur erreicht? Geht der Teig gut auf? Diese Dinge sind nie ganz gleich. Es hängt vom Wetter ab, vom Mehl, vom Sauerteig und auch von der eigenen Stimmung. Auf diese Art zu backen ist exakt das Gegenteil vom automatischen Backvorgang mit standardisierten Backmischungen in der Backstraße einer Brotfabrik.

Was ist unser Brot wert? 90 Cent pro Laib vom Diskonter oder aber 7 Euro für ein exklusives Dinkel-Kastanien-Nuss-Vollkornbrot vom Biobäcker? Ist es mittlerweile so wertvoll geworden, dass man es nur verschenken kann, wie es Paul und Malin machen? Warum wird wegen Brot überhaupt so viel Aufhebens gemacht? Es ist ein Grundnahrungsmittel wie jedes andere auch. Oder etwa doch nicht?

Dazu eine Geschichte aus den 1940er-Jahren aus Oberösterreich: Nach dem Dreschen der Getreideähren musste die Tenne gekehrt werden. Die Getreidekörner waren beim Dreschen von den Halmen getrennt worden und warteten nun abgepackt in Säcken darauf, zum Müller geführt zu werden. Derjenige, der nun die Tenne kehrte, hatte eine verantwortungsvolle Aufgabe. Er musste beim Kehren gut achtgeben, ob nicht noch vereinzelt Getreidekörner auf dem Boden herumlagen. Man sagte: Wenn man dabei nur ein einziges Korn findet, dann hat sich das Kehren schon ausgezahlt.

Oder: Der kleine Sohn eines Bergmanns in Eisenerz bittet seine Mutter um ein Stück Brot, weil er so hungrig ist. Es ist nicht Essenszeit. Er bittet also „zwischendurch" um Brot, das ist unüblich. Obwohl die Familie sparen muss, schneidet die Mutter ihm doch ein Stück ab. Der Bub nimmt das Brot, geht damit zum Fenster und hält es gegen das Licht. Es ist durchsichtig! So hauchdünn war das Brot geschnitten. Die Mutter musste mit dem kostbaren Brotlaib äußerst sorgfältig und überlegt umgehen, damit er einigermaßen für alle reichte.

Ein Ennstaler Bauernbub tauschte in der Schule mit den anderen Kindern gerne das Pausenbrot. In jedem Bauernhaus wurde damals Brot gebacken und jedes dieser Hausbrote schmeckte ein bisschen anders. Eines war dunkel, das andere heller, fester, lockerer, gewürzt oder ungewürzt. Manche der Kinder hatten sogar Bäckerbrote mit. Das war für die Bauernkinder etwas ganz Neues. So tauschte man hin und her, um einen neuen Geschmack auszuprobieren. Wohlgemerkt, es war nur trockenes Brot ohne Käse oder Wurst, vielleicht mit einem Apfel dazu. Das war kein Zeichen der Armut, sondern damals eine normale, angemessene Jause, die allen gut schmeckte.

Brot war kein billiges Nahrungsmittel. Jedes dieser Kinder wusste, wie viel Arbeit nötig war und auch, wie viel Segen von oben es brauchte, bis man endlich einen Laib Brot in Händen halten konnte.

VIELER HÄNDE ARBEIT. Statt riesiger Mähdrescher standen Menschen auf dem Feld und mähten mit der Sense oder schnitten mit der Sichel die Getreidehalme ab. Da diese oft durch Wind und Wetter auf den Boden gedrückt waren, war das Mähen Schwerarbeit und Aufgabe der Männer. Hinter jedem Mäher ging eine „Klauberin", die die geschnittenen Halme aufhob. Diese Halme wurden in Büscheln zusammengefasst: diese nennt man Garben.

Kinder hatten inzwischen aus fünf oder sechs Halmen Bänder gedreht, die sie der „Binderin" reichten. Garbe für Garbe wurde von ihr mit Strohbändern zusammengebunden.

Folgendes war nun zu beachten: Die Getreidekörner sollten auf dem Feld trocknen. Das konnte mehrere Tage dauern, deshalb musste man die Garben vor Regen schützen. Dafür hatte man sich eine ebenso raffinierte wie einfache Lösung ausgedacht. Man stellte einige Garben so zusammen, dass sie aneinander lehnten und frei stehen konnten. Dieses Gebilde war das „Kornmandl". Obendrauf kam ein „Hütl" aus abgeknickten Garben, das zumindest bei leichten Regenfällen Schutz bot.

Auf jeden Fall war es wichtig, dass die Garben in schöner, gerader Reihe dastanden. Nicht nur, um den Nachbarn keinen Grund für Spott zu bieten, sondern auch aus Stolz auf die eigene Arbeit. Aber man hatte die Sache letztlich doch nie zur Gänze unter Kontrolle. Bei längerem Regen war die Ernte schnell beschädigt. Die Halme trieben wieder aus und mussten neu auseinandergelegt und getrocknet werden. In den Tagen der Ernte hoffte jeder auf gutes Wetter, denn nur dann konnten die Körner optimal trocknen.

Es war ein wichtiger Moment, wenn der Bauer ein einzelnes Korn nahm und es mit den Zähnen auf seine Härte prüfte. War das Korn fest genug, dann konnten die Garben endlich in einem Leiterwagen heimgeführt werden. Zuvor war vorsorglich noch ein Leinentuch im Wagen aufgebreitet worden, damit nur ja kein einziges der wertvollen Körner verloren ging. Vorsichtig wurden die „Mandln" gelöst, die Garben verladen – alles in der größten Sommerhitze.

Beim Abladen wurde wieder jede einzelne Garbe in die Hand genommen und im Stadel sorgfältig hingelegt oder -gestellt. Diese Achtsamkeit ist typisch für den früheren Umgang mit Brotgetreide und auch mit dem Brot.

Als äußeres Zeichen wurde auf den Brotlaib, bevor er in den Brotbackofen kam, mit dem Messer ein Kreuz geritzt oder das Kreuzzeichen mit dem Daumen gemacht. Das Brot lag danach nicht im Haus herum, sondern hatte seinen (luftigen) Aufbewahrungsort in einer Art Gitter, dem „Brotrehm". Wurde Brot angeschnitten, war das beinah eine feierliche Sache. Eine Person, meistens die Bäuerin, nahm den Brotlaib, machte wieder das Kreuzzeichen, dann hielt sie ihn mit einer Hand vor der Brust und führte mit der anderen Hand das Messer durch das Brot zu sich her. So wurde Scheibe für Scheibe abgeschnitten. Danach wurde das Brot korrekt, also niemals verkehrt herum, auf den Tisch gelegt.

Brot wurde nie weggeworfen, auch nicht, wenn es schon hart geworden war. Dass Brot hart wurde, lag in der Natur der Sache. Es wurde nur alle paar Wochen gebacken, dann aber gleich 20 oder 30 Laibe. Wurden einige davon im Lauf der Zeit altbacken und hart, war das kein Grund, sie wegzuwerfen. Erst, wenn der letzte Krümel Brot gegessen war, wurde neues gebacken. Backte man ausnahmsweise schon früher, wurde das frische Brot erst angeschnitten, wenn das alte zur Gänze aufgebraucht war.

ALTES BROT IST NICHT HART, KEIN BROT, DAS IST HART. Brot wird in unserem Kulturkreis mit Nahrung gleichgesetzt. Lange Zeit herrschte die Meinung vor, dass, wer kein Brot hat, hungert. Viele Redensarten erinnern uns noch daran. *Sich ein Zubrot verdienen* oder *Sich die Butter aufs Brot verdienen* bedeutet nichts anderes als *wer Brot hat, kann überleben*, aber wer Butter drauf hat oder sich gar ein Zubrot verdient, hat mehr, als er zur Grundversorgung braucht.

Was es heißt, ohne Brot zu leben, wurde den Menschen in West- und Südeuropa, in den USA und in Kanada im Jahr 1817 klar. Es sollte als das „Jahr ohne Sommer" in die Geschichtsbücher eingehen.

Begonnen hatte alles mit dem Ausbruch des Vulkans Tambora auf der indonesischen Insel Sumbawa, der bereits im April 1815 rund 150 Kubikkilometer Staub und Asche sowie etwa 130 Megatonnen Schwefeldioxid in die Atmosphäre geschleudert hatte. Diese Verschmutzung legte sich wie ein gigantischer Schleier auf die Atmosphäre und kühlte das Klima weltweit für vier Jahre ab.

Die Folgen waren extrem. Im Juli und August 1816 fiel die Temperatur in den USA zeitweise unter null Grad. Zur gleichen Zeit schneite es in Kanada und auch in der Schweiz. In Mitteleuropa kam es zu schweren Unwettern und Überschwemmungen. Das dauerhaft schlechte Wetter sorgte für katastrophale Missernten. Der Getreidepreis stieg auf das Drei- bis Vierfache. Viele Menschen hungerten und hatten kein Brot.

Diese Hungersnot war der Anlass für viele Reformen, unter anderem auch, den Anbau der Kartoffel zu fördern. Erzherzog Johann verteilte in den Jahren 1816 und 1817 in der Steiermark persönlich Kartoffeln an die hungernde Bevölkerung und ermutigte sie, diese anzubauen. Er gründete zu diesem Zweck sogar eine „Kartoffelunterstützungsanstalt". Theoretisch wären Kartoffeln und Mais seit der Entdeckung Amerikas bekannt gewesen. Tatsächlich aber wurden Erdäpfel, wenn überhaupt, von den Bauern nur als Schweinefutter angebaut. Das änderte sich nun langsam. Das Hauptnahrungsmittel aber blieb auch weiterhin Brot.

Hungersnöte wie diese prägten sich tief in das Bewusstsein der Menschen ein. Sie sind der Hauptgrund, warum Missbrauch von Brot als Frevel angesehen wurde. Brot wurde niemals weggeworfen. Sollte Brot aus irgendeinem Grund doch ungenießbar geworden sein, wurde es verbrannt und nicht zum Müll gegeben.

Hart gewordenes Brot war ein wichtiger Bestandteil der Bauernkost. Man hobelte es in feine Schnittchen und verwendete es als Suppeneinlage. Für diesen Zweck gab es sogar eine eigene Vorrichtung. Man setzte sich rittlings auf eine Art Bank, vor sich eine Halterung für den Brotlaib, und schabte mit einem ebenfalls dort befestigten Messer die Brotschnittchen ab. Dieses Messer war meistens ein altes Sensenblatt. Mit seiner gerundeten Form war es ideal, um mit leichten Vor- und Rückwärtsbewegungen die Brotschnitten abzuschaben. Aufgeweicht in einer Rahmsuppe oder in einer sauren Suppe schmeckten diese Brotstücke hervorragend.

Jedes Kind lernte, dass nicht nur frisches Brot gut schmeckt und man altes Brot nicht wegwerfen darf. Tatsächlich entfaltet gutes Roggen-Sauerteigbrot selbst altbacken noch sein volles Aroma.

Ein Kärntner Altbauer versuchte mir zu erklären, dass er als Kind gerne auch hartes Brot gegessen hätte. Er brachte ein Beispiel: Als Bub wurde er auf einen Botengang zu Nachbarn geschickt. Nachdem er seinen Auftrag erfüllt hatte, bekam er eine Belohnung – ein

Stück Brot und ein Stück von einer Bienenwabe. Das Brot war schon hart, es war eigentlich mehr ein Brocken als eine Scheibe, aber der Bub wusste, wie man mit altbackenem Brot umgeht. Er nagte an dem Brot und aß immer nur kleine Stückchen davon. Dazwischen saugte er den süßen Honig aus den Bienenwaben, dann wieder ein Bissen Brot, Honig, Brot. Es hat ihm hervorragend geschmeckt!

MARLEN HAUSHOFER BESCHREIBT IN IHREM ROMAN „DIE WAND" eine Frau, die von der Zivilisation für immer abgeschnitten ist. Sie scheint die letzte Überlebende nach einer rätselhaften Katastrophe zu sein. Nach und nach gelingt es ihr, sich als Einsiedlerin mit Lebensnotwendigem zu versorgen. Aber auf eines muss sie wohl für immer verzichten – auf Brot. Sie schreibt in ihr Tagebuch: „Ganz vergessen konnte ich das Brot nie. Noch heute werde ich manchmal von Verlangen danach überfallen. Schwarzes Brot ist für mich eine unvorstellbare Köstlichkeit geworden."

Ganz im Gegensatz zu dieser Frau in Haushofers Roman haben wir heute Brot im Überfluss. Wir produzieren viel mehr als wir brauchen. Jedes fünfte Brot landet in Österreich auf dem Müll. Das heißt, Jahr für Jahr bauen Österreichs Landwirte auf Tausenden Hektar Getreide an, das letztlich im Abfall endet.

Schuld an dieser Misere sind wir Konsumenten. Wir wollen abends um 6 nicht vor einem halb leeren Brotregal stehen. Wir wollen zu jeder Tageszeit die volle Auswahl haben. Am liebsten hätten wir Brot und Gebäck, das nie älter als ein paar Stunden ist, und immerzu frisch gebacken wird. So wird von Supermärkten nach Ladenschluss kistenweise Brot als Retourware an die Bäckereien zurückgeschickt – und landet auf dem Müll. Die Menge an Brot, die täglich in Wien weggeworfen wird, entspricht dem Tagesbedarf an Brot einer Stadt wie Graz.

Im Film „We feed the world" von Erwin Wagenhofer wird ein Lkw-Fahrer interviewt, der Tag für Tag ganze Lastwägen voll Brotabfälle zu einer Müllverbrennungsanlage fährt. Er sagt: „Im Jahr führen wir ungefähr zwei Millionen Kilo Brot weg, das aber noch gar nicht schlecht ist. Das ist höchstens zwei Tage alt. Das könnte noch jeder essen. Und es passiert mir heute immer noch, obwohl ich das Geschäft jetzt schon mehr als 10 Jahre mache und immer dieselbe Strecke fahre, dass alte Leute stehen bleiben und sich das Ganze anschauen, weil sie einfach nicht glauben können, was wir da machen."

DAS GANZE TIER ESSEN

Wer Steak sagt, muss auch Leber sagen

BITTE KEINE INNEREIEN! Leber und Nieren – nein, danke. Herz und Hirn – igitt. Kutteln und Bries – nie gehört. Und bloß kein Fett! Das Wiener Schnitzel hingegen darf's schon sein, auch gerne ein Filetsteak und ab und zu ein Burger oder eine Leberkäsesemmel.

Wer eine Fleischerei oder Metzgerei besucht, sofern er abseits der Supermarktketten überhaupt noch eine findet, hält dort in den meisten Fällen vergeblich nach Innereien Ausschau. Leber gibt's zwar, aber darüber hinaus wird kaum etwas angeboten. Der Fleischermeister meines Vertrauens erklärt das so: „Die Nachfrage nach Innereien ist eingeschlafen. Früher haben's die Leute noch gekauft. Aber heute wollen sie das nicht mehr." Bei ihm bekommt man Innereien nur tiefgefroren oder auf Bestellung. Bloß die Leber, die gibt's noch jeden Dienstag.

Typisch ist auch folgendes Erlebnis eines passionierten Kochs als Kunde in einem Wiener Supermarkt: Auf die Frage, wo sich denn die Innereien befänden, bekam er die Antwort: „In der Hundeabteilung!" Tatsächlich wird ein Großteil der Innereien als Schlachtabfall betrachtet und zu Tierfutter weiterverarbeitet. Der Kilopreis für Hunde- oder Katzenfutter einer Luxusmarke kann dann leicht ein Mehrfaches dessen kosten, was für Lunge, Bries und Herz an der Lebensmitteltheke bezahlt wird.

Beim Fleischhauer, aber auch in der Kühlvitrine der Diskonter und Supermärkte finden wir nur mehr das, was der Konsument wünscht. Man hat fast den Eindruck, ein Rind oder ein Schwein würde aus nichts anderem als aus Filet, Braten- und Gulaschfleisch bestehen. Auch mageres Bauchfleisch wird hie und da angeboten – die Fettschicht darf aber keinesfalls zu dick sein: ein Fingerbreit, mehr ist nicht erlaubt – sonst wird die Ware unverkäuflich. Produkte wie Selchspeck, also reinen weißen Speck, sucht man im Supermarkt überhaupt vergeblich. Gott sei Dank gibt es noch Fleischhauer, die solche „Raritäten" im Sortiment haben.

Fett ist verpönt, Innereien sind für viele ungenießbar und Teile wie Ohren, Zunge oder gar Kopf und Maul sind erst recht tabu. Jedoch, Tiere bestehen nicht bloß aus den „edlen" Teilen, sondern auch aus Haxen und Schädel, Herz und Hirn. Wenn wir schon Tiere töten, sollten wir dann nicht aus Respekt vor der Kreatur alle Teile verwerten? Veganer essen aus ethischen und aus ökologischen Gründen gar keine tierischen Produkte. Sollten nicht Fleischesser aus denselben Gründen darauf achten, dass nicht ein Gutteil des geschlachteten Tieres als Schlachtabfall angesehen wird? Es kann durchaus eine Frage der Nachhaltigkeit sein, auch Schweinsnieren oder Bries nicht zu verschmähen.

In früheren Zeiten waren der Verzehr der „unedlen" Teile keine Frage der Weltanschauung, sondern ganz normal. Im Kochbuch der Katharina Prato von 1862 finden sich zahlreiche Rezepte für Zunge, Hirn oder Magen. Allein für die Milz kennt sie vier Zubereitungsarten: Sauce, Suppe, Milzscheiben und Milzschnitten. Nicht weniger als fünfzehn Rezepte kennt Prato für Ochsenzunge und Schweinszunge, sechs für Ochsengaumen oder Ochsenvormaul und zwölf Möglichkeiten, um Kalbskopf, Schweinskopf, Schafskopf oder Lammkopf zuzubereiten. Wir finden *Gebackene gefüllte Ohren*, *Gefüllte Kalbsfüße*, *Gespicktes Herz*, *Hirn mit Ei*, ja, sogar *Euter mit Bröseln* und *Gebackenes Rückenmark*.

Praktisch alle Produkte, die hier aufgezählt werden, enden heute in der Tierfutter-Fabrik oder gelten als gesundheitlich bedenklich. Dabei ist es keineswegs so, dass es jedem, der keine Innereien isst, davor graust. Viele wissen schlicht und ergreifend nicht, wie man sie zubereitet. Das Wissen darum ist innerhalb von ein, zwei Generationen verloren gegangen.

Wer weiß noch, wie man ein Bries putzt, eine Zunge häutet oder wie Kutteln gewässert werden? Beuschel zu kochen braucht mehr Muße und Zeit, als man meint. Leber kann schnell zu hart geraten, wenn man sie nicht erst nach dem Braten salzt, und es empfiehlt sich, Nieren über Nacht ins Milchbad zu legen, erst danach riechen sie kein bisschen mehr nach der Substanz, die einst in ihnen war. Solch grundlegendes Wissen geht schnell verloren, wenn es nicht mehr praktiziert wird.

Noch unsere Großmütter wussten, wie man eine köstliche Rindsuppe aus Rindsknochen und Siedefleisch zubereitet. Die „Geheimzutat" waren oft ein kleines Stück Leber und ein Stück Milz. Diese legendären Suppen schmeckten um ein „Eitzerl" besser, weil die Innereien die Suppe nicht nur klärten, sondern auch den Geschmack verstärkten. Die ahnungslosen Gäste wussten nichts von diesen Kniffen, da Leber und Milz vor dem Servieren entfernt wurden.

SUPPENKNOCHEN SIND HEUTE ABFALL, ganz im Gegenteil zu früher. Der Seniorchef der letzten noch verbliebenen Fleischerei in Knittelfeld erinnert sich: „Heute braucht niemand mehr die Knochen, weil keiner mehr damit Suppen kocht. Als ich ein Lehrling war, sind uns oft die Knochen ausgegangen, weil so eine starke Nachfrage danach war. Freitagnachmittag bin ich mit dem Moped zur Fleischfabrik nach Obdach gefahren und hab 30 Kilo Knochen geholt, damit die Hausfrauen am Wochenende Suppe kochen konnten. Den Sack mit

Knochen hab ich hinten am Moped oben gehabt, und so bin ich gefahren!"

Eine klassische Rindsuppe enthält Markknochen. Auch das ist heute „pfui". Das aromatische und wohlschmeckende Knochenmark ist in Verruf geraten. In feinen Restaurants wird aber wieder vorgezeigt, was man mit dem Mark anstellen kann: Vor dem Servieren der Rindsuppe wird es als Vorspeise auf getoastetes Brot gestrichen, ein wenig Salz und vielleicht ein Hauch Paprika drauf – eine Delikatesse!

Dennoch, Knochenmark und Innereien mag heutzutage fast niemand mehr essen. Der durchschnittliche Konsument ist, wie die Frankfurter Allgemeine schreibt, ein „kulinarisches Weichei". Er kann kein Blut sehen und kauft seine Lebensmittel am liebsten schön anonym-industriell abgepackt. Alles, was nicht Schnitzel oder Braten ist, wird verschmäht, außer es kommt in Form eines Leberknödels oder eventuell einer Blutwurst daher. Wehe aber, es sieht nach „Tier" aus – dann ist es tabu.

Dabei müsste, wer Fleisch isst, zumindest theoretisch wissen, dass dafür Tiere geschlachtet werden. Aber daran will man nicht denken und schon gar nicht dabei zusehen oder gar mithelfen.

Der Autor eines Öko-Ratgebers spricht daher die Empfehlung aus: „Schlachte ein Huhn." Er meint, jeder, der Fleisch isst, sollte zumindest einmal dabei gewesen sein, wenn ein Tier sein Leben lässt: „Wer eigenhändig ein Tier geschlachtet hat, lernt nicht nur über Anatomie, Fleisch und Lebensweise der Tiere, sondern auch das Leben zu achten."

Der Bio-Bauernhof „Arche De Wiskentale" in Göllersorf in Niederösterreich bietet genau dies an: Man lernt Hühner, Enten und Gänse in eigenen Workshops zu schlachten, zu rupfen und fachgerecht auszunehmen. Die Teilnehmer sind Konsumenten, die wissen wollen, wo ihr Fleisch herkommt und wie das Tier umgekommen ist.

In einem meiner Bücher findet sich ein altes Bild von einem Schlachttag. Ich will es hier kurz beschreiben: Das Schwein liegt am „Sautrog" und wird gerade mit Pech eingerieben und mit heißem Wasser überbrüht. Gleich werden die Borsten mit einer Kette durch Hin- und Herziehen entfernt werden. Das für uns Erstaunliche ist: die Menschen auf dem Foto wirken bei all dem glücklich, ja fast ausgelassen. Niemand ist entsetzt über das tote Schwein. Jeder scheint sich zu freuen. Sogar ein Kind ist dabei, ohne Scheu steht es ganz nah bei der Sau und versucht mitzuhelfen. Ungeachtet aller heutigen hygienischen Vorschriften darf sogar der Hofhund beim geschlachteten Schwein wachen. Die Vorfreude ist den Menschen ins Gesicht geschrieben. Allen scheint es zu gefallen!

Diese Leute haben schon lange auf diesen Tag gewartet, ihn sogar herbeigesehnt. Der Schlachttag war ein Festtag. Endlich, nach langer Zeit, gibt es wieder frisches Fleisch zu essen. In Zeiten ohne Kühlschrank und Tiefkühltruhe wurde nur in der kühlen Jahreszeit und ein, vielleicht zwei Mal im Jahr geschlachtet.

BEI EINER HAUSSCHLACHTUNG WARTETEN DIE FRAUEN SCHON IN DER KÜCHE auf die Leber, die Nieren und andere Innereien. Sofort wurden *G'röste Leber, Saure Nierndln* und ein *Bluttommerl* zubereitet und als erste Jause schon am frühen Vormittag verzehrt. Bald erfüllte der Duft von frisch ausgelassenen Grammeln das Haus und die Bäuerin rief zum Imbiss. Die frischen, heißen, gesalzenen Grammeln wurden gleich warm aus der „Rein" mit Brot gegessen und waren unvergleichlich gut!

Ein Bauer erinnert sich: „Vom Hals hat man g'schwind ein Stück heruntergeschnitten. Das hat man gleich gekocht, damit es bis zu

Mittag fertig war. Man hat es nur gesalzen und gepfeffert, vielleicht Sauerkraut dazu. Alle haben sich schon so auf diese Mahlzeit gefreut, denn das war das erste Stück Fleisch seit Langem!"

Am Schlachttag und an den darauffolgenden Tagen herrschte Überfluss: Frisches Beuschel, Leberwurst, Lungenstrudel, Breinwurst, Blutwürste und Bluttommerl gab es nur an diesen Tagen. Presskopf, Sulz, gekochter Saukopf mit geriebenem Kren – alles wurde wie im Schlaraffenland am laufenden Band produziert.

Solche Gaumenfreuden gab es nur im Winter. Auch Bratwürste waren eine seltene Köstlichkeit, die nur nach den Schlachttagen und sonst praktisch niemals auf den Tisch kamen. In vielen Familien sind Bratwürstel mit Erdäpfelsalat noch heute ein traditionelles Weihnachtsessen, ohne dass die meisten den genauen Grund dafür kennen. Einst wurden Bratwürste nur an ein paar Tagen im Jahr hergestellt, meist kurz vor den Weihnachtstagen, wenn die Sau geschlachtet wurde. Sie waren eine seltene Delikatesse und als solche würdig, am Heiligen Abend serviert zu werden.

Fleisch war keine Alltagskost, sondern Essen für besondere Tage. Umso kostbarer waren dann die Momente, wenn man aus dem Vollen schöpfen konnte, wie am Schlachttag.

Heute verzehrt jeder Österreicher durchschnittlich fast 100 Kilogramm Fleisch inklusive Geflügel im Jahr. Fleisch ist spottbillig und immer und jederzeit in großen Mengen verfügbar. Ställe, in denen 2 000 Schweine oder 40 000 Hühner gehalten werden, sind keine Seltenheit. Tiere werden wie Massenware produziert. Wer ein Flugblatt aufschlägt, findet im Angebot ein Kilogramm Schweinefleisch um 3 Euro und ein Billighuhn um 2 Euro 60.

Noch vor wenigen Jahrzehnten war Fleisch etwas Besonderes und dem Wochenende vorbehalten. Der Sonntagsbraten hieß nicht umsonst so! Auch Hendl gab's nur am Sonntag. Es war die Zeit, in der nicht nur Bauernfamilien, sondern auch viele Siedlungshausbesitzer eigene Hühner hielten. Das Huhn, das zu Mittag auf dem Tisch landen sollte, lebte in den meisten Fällen noch in der Früh.

In einer kinderreichen oststeirischen Familie gab es sonntagvormittags drei Dinge zu erledigen: die Messe besuchen, Hendln abstechen und Essen kochen. Das „Pipperl Abstechen" war Sache der Kinder – schon mit etwa 10, 12 Jahren waren sie dieser Aufgabe voll und ganz gewachsen. Wer gerade „dran" war, besuchte die Frühmesse um 6 Uhr, beeilte sich heimzukommen, um im Hühnerstall die Hennen zu fangen, sie mit einem Prügel zu betäuben und dann „abzustechen". Man ließ das Tier ausbluten und richtete nebenbei heißes Wasser her, das man zum Rupfen brauchte. Anschließend wurden noch die Gedärme entfernt und die küchenfertigen Hühner ins Rohr geschoben. Wenn die restliche Familie um 11 heimkam, war das Essen schon fast fertig.

Auch beim Huhn wurden natürlich alle Teile verwendet. Magen, Leber und Hals wurden paniert oder in der Suppe gekocht. Da hinein kamen auch die Hühnerfüße, die besonders die Kinder gerne abnagten. Manchmal wurde auch der Kopf mitgekocht, besonders wenn es ein Hahn war, da der Kamm vorzüglich schmeckte.

DAS GESCHLACHTETE SCHWEIN WURDE MIT „HAUT UND HAAREN" VERWERTET. Fleisch, Speck und Würste wurden geselcht, Fett zu Schmalz ausgelassen, die Därme wurden fein geputzt und dienten als Wursthäute, die Haut gegerbt und als Leder verwendet, die Hufe zu Hornspänen – also Dünger – verarbeitet, ja sogar die langen Schweinsborsten fanden noch Verwendung. Sie dienten den Schustern als Nadeln, um das Oberleder zu nähen. Selbst die Harnblase des Schweins kam nicht zum Abfall. Sie wurde sorgfältig gereinigt, gewaschen, getrocknet und mit Federweiß oder Weizenkleie so lange bearbeitet, bis die Blase weich und geschmeidig wie Leder war. Nun diente sie entweder (aufgeblasen) als Ball für die Kinder oder, fein genäht und bestickt, als Tabakbeutel für die Männer.

Es wurde nichts vom geschlachteten Tier verschwendet oder vergeudet. Fleisch gab es nicht allzu oft zu essen, schon allein deshalb hatte jedes einzelne Tier einen beträchtlichen Wert. Mit viel Hingabe war das Schwein in den Monaten vor der Schlachtung gemästet worden. Nur das Beste war in dieser Zeit gut genug für das Hausschwein: Erdäpfel, Türkenmehl, Hafermehl, Weizenkleie und selbstverständlich alle Essensreste und Küchenabfälle.

Heute gibt es Mastsauen, die ihr Gewicht in nur 4 Monaten von knapp 30 auf 110 bis 120 Kilogramm vervierfachen. 850 Gramm pro Tag soll sich das Tier anfressen, damit es nach wenigen Monaten schon schlachtreif ist. Der Speck dieser Tiere ist weich, das Fleisch wässrig und es schrumpft in der Pfanne. Ein natürlich aufgewachsenes Tier braucht im Vergleich dazu 12 Monate, um ein Gewicht von etwa 140 Kilogramm zu erreichen.

Alte Bauern schwärmen vom Speck einer solchen Sau, die mindestens ein Jahr langsam wachsen und an Gewicht zulegen durfte. Unvergleichlich soll der Speck geschmeckt haben, fester als heute, sodass man ihn mit dem „Feitl", dem Taschenmesser, fein aufschneiden konnte.

Wurde geschlachtet, dann hat man, wie gesagt, so gut wie alle Teile eines Tieres gegessen oder irgendwie verwertet. Heute sagt man dazu *nose to tail* und meint genau das, was unsere klugen Vorfahren seit jeher getan haben, nämlich: das ganze Tier zu essen. Die alten Bauern sagten: „Das Einzige, was man von der Sau nicht verwenden kann, ist der letzte Schrei, den sie macht."

Der Besitzer des größten Schlachthofs in Europa, in dem täglich 25 000 Schweine getötet werden, sagt im Prinzip das Gleiche und meint doch etwas anderes: „Es gibt für jeden Teil des Tieres einen Abnehmer, man muss ihn nur finden." Da der Konsument die „edlen" Teile bevorzugt, wird ein Großteil der „unedlen Teile" zu Tierfutter verarbeitet. Die restlichen Schlachtabfälle werden im großen Stil nach Übersee verkauft. Luftröhren werden nach Thailand exportiert, Spareribs in die USA und nach Kanada und Gebärmütter und Därme nach China.

Es ist eine Ironie des Schicksals und vielleicht die Strafe für den Konsum von Billigfleisch, dass genau diese Därme in jüngster Zeit Schlagzeilen machen. Man vermutet, dass so manche „frittierten Calamari", die man bei uns im Handel findet, nichts anderes sind, als geschnittene Enddärme von Schweinen, die ursprünglich von einem Schlachthof aus Europa stammten.

BESCHEIDENHEIT IST EINE TUGEND
Mit wenigen Dingen leben

STELLEN SIE SICH VOR, SIE MACHEN FRÜHJAHRSPUTZ. Richtigen, gründlichen Frühjahrsputz, wie man ihn früher kannte. Das heißt, Sie nehmen jeden einzelnen Gegenstand in Ihrer Wohnung in die Hand, um ihn zu reinigen. Jede Lade und jeder Kasten werden ausgeräumt. Jeder Winkel wird gereinigt, das Unterste kommt zuoberst und es wird nicht eher geruht, bis jedes, wirklich jedes Ding im Haus geputzt, gewaschen und gesäubert ist. Und das alles soll in wenigen Tagen geschafft sein. Ein Albtraum? Ja, wenn man sich vorstellt, wie viele Gegenstände in unseren Wohnungen herumliegen.

Es ist noch gar nicht allzu lange her, da war es ganz anders. Da waren die Räume noch nicht mit unzähligen Dingen vollgeräumt. Es war damals tatsächlich noch möglich, an ein paar Tagen, meistens vor Ostern, ein ganzes Haus gründlich zu putzen. Es gab viel weniger Möbelstücke, nur das Nötigste an Haushaltsgeräten und an Geschirr, wenige Kleidungstücke und sehr wenig Spielzeug für die Kinder. Ich bat vor ein paar Jahren eine ältere Frau um eine Schätzung, wie viele persönliche Gegenstände damals wohl jeder Einzelne durchschnittlich besessen hatte. Sie überlegte ein wenig und meinte schließlich: „Vielleicht dreißig, vierzig Sachen." Das Gewand, sagte sie, konnte man an einer Hand abzählen. Dazu noch ein oder zwei Paar Schuhe, ein Kamm, ein paar Andenken, eventuell Schmuck, vielleicht ein Gebetbuch. Männer besaßen eine Pfeife und ein Taschenmesser, Frauen Nähutensilien und Strickzeug.

Außerdem besaß jeder noch einen Kasten oder eine Truhe, in der die wenigen Besitztümer Platz fanden.

Der eigene Kasten war so etwas wie Privatsphäre in einer Welt, in der es wenig persönlichen Freiraum gab. Hier verstaute man alles, was einem persönlich gehörte. Wer heute wissen will, was es heißt, mit wenigen Dingen zu leben, der braucht sich bloß solch eine alte Truhe oder so einen Kasten anschauen. Nehmen wir an, wir dürften auf die berühmte Insel nur so viel mitnehmen, wie da hineinpasst. Das wäre eine fast unlösbare Aufgabe, denn wir müssten dann geschätzte 95 Prozent unserer Sachen zurücklassen!

Meine Großmutter war eine Bauernmagd, geboren 1895. Als sie eines Tages den Entschluss fasste, ihr Dienstbotendasein am Land zu beenden, packte sie ihre Habseligkeiten in eine Truhe und reiste so – auf einem Pferdefuhrwerk – vom Murtal nach Graz zu einer neuen Dienststelle.

Reiche Bauern besaßen natürlich mehr. Aber auch ihr persönlicher Besitz fand mehr oder weniger in einem einzigen Kasten Platz. Besonders die Brautkästen waren für damalige Verhältnisse übervoll mit Dingen: Bettwäsche, Leinen, Tischtücher und ein paar Dutzend selbst gestrickter Socken und Strümpfe. In einem meiner Bücher ist ein Foto abgebildet, das eine Braut zeigt, die im Mai 1940 gerade mit ihrem Hab und Gut aus dem Elternhaus auszieht und in das Haus ihres Mannes übersiedelt. Es handelt sich dabei um eine wohlhabende Frau, die spätere Stammerhofbäuerin aus Rohrmoos. Dennoch passte ihr (beweglicher) Besitz leicht auf ein „Leiterwagerl", das von einem Pferd gezogen wurde. Es ist nicht mehr als der Brautkasten, gefüllt mit dem Heiratsgut, und eine Nähmaschine – sonst nichts.

Wer heute siedelt, braucht einen Lkw, um seine Sachen von einem Ort zum anderen zu verfrachten. Unzählige Umzugskartons werden eingepackt und wohl oder übel auch wieder ausgepackt. Es sind gerade diese Momente, in denen uns klar wird, dass wir zu viel angehäuft haben. Wir merken dann, dass unser Besitz uns zur Last geworden ist und wundern uns, was sich im Lauf der Jahre alles angesammelt hat.

DER DURCHSCHNITTLICHE MITTELEUROPÄER BESITZT HEUTE UNGEFÄHR 10 000 DINGE. Es ist so unübersehbar viel, dass keiner von uns auch nur mehr annähernd angeben könnte, wie viele Gegenstände in seinem Besitz sind. Wir haben mehr, weit mehr, als wir benötigen. Wir besitzen einiges doppelt und dreifach, aus jedem Urlaub nehmen wir nutzlose Erinnerungsstücke mit und kaufen im Ausverkauf mehr, als wir je brauchen können. Trotzdem fällt es den meisten äußerst schwer, sich von Dingen zu trennen, auch wenn die Kästen schon längst vollgestopft sind und sich Bücher, CDs und ungelesene Magazine im Wohnzimmer türmen.

Der junge Deutsche Sebastian Küpers wurde eines Tages sehr nachdenklich. Sein Großvater war gestorben und hinterließ eine große Ansammlung von Dingen. Der Verstorbene war ein Sammler gewesen und dementsprechend viele Gegenstände hatten sich im Lauf seines Lebens angehäuft. Nach seinem Tod fragte sich Küpers, was von ihm einmal bleiben sollte, wenn er selbst stirbt. Und plötzlich wusste er: „Ich brauche diese ganzen Dinge nicht." Ein Jahr später zog Küpers um und bei dieser Gelegenheit reduzierte er seinen Besitz radikal.

Der 34-jährige IT-Fachmann aus Berlin gab Tausende Dinge weg, spendete die meiste Kleidung und verschenkte kistenweise Krempel. Da seine neue Wohnung bereits möbliert war, trennte er sich nun auch gleich von all seinen Möbeln. Jetzt besaß er nur mehr an die hundert Dinge. Er hatte lediglich das behalten, was ihm wirklich wichtig war und er merkte rückblickend, dass sein „alter" Besitz ihm das Leben nicht leichter, sondern schwerer gemacht hatte.

Alles, was er nun besaß, konnte er in einem Rucksack, einem Rollkoffer und in einer Transportkiste unterbringen. Es waren neben den Gegenständen des täglichen Bedarfs noch 32 Kleidungsstücke, 24 Bücher, 13 Andenken und ein Fahrrad. Er behielt nur, was er wirklich benützte. Alles, was in seiner Wohnung nur ungenützt herumgestanden hatte, von dem trennte er sich.

Der 100-Dinge-Entschluss machte Küpers zu einer kleinen Berühmtheit. Fremde Menschen beglückwünschten ihn, Journalisten wollten Interviews und TV-Sender brachten Beiträge über ihn.

Entrümpeln, entschleunigen, entschlacken – wer wollte das nicht? Aber so einfach ist es nicht, sonst hätten wir uns ja schon längst von den überflüssigen Dingen getrennt. Wir finden Ausreden und sagen: „Wer weiß, wozu man das noch einmal brauchen kann", „Damals hat das aber viel Geld gekostet", „Da hängen so viele Erinnerungen dran". Oder: „Das ist ein Hochzeitsgeschenk, das kann ich unmöglich weggeben."

Schuld daran ist der sogenannte Endowment- oder Besitzeffekt. Er sorgt dafür, dass wir die Dinge, die wir besitzen, für wertvoller halten, als sie es in Wirklichkeit sind. In einem Experiment bekamen alle Versuchspersonen als Belohnung eine Tasse geschenkt. Es wurde ihnen angeboten, diese Tasse gegen Schokolade einzutauschen, aber die wenigsten wollten das tun. Sie wollten ihre Tasse nicht mehr hergeben. Auch umgekehrt funktionierte der Besitzeffekt. Bekamen die Teilnehmer anfangs Schokolade geschenkt, dann wollten sie diese wiederum nicht mehr für die Tasse hergeben.

Der Grund dafür: Es tut tatsächlich weh, sich von seinem Besitz zu trennen. An der Stanford Universität ist ein Versuch gelungen, der erstmals den Besitzeffekt im Gehirn lokalisiert. Versuchspersonen, die sich besonders schwer von ihrem Besitz trennen konnten, zeigten eine starke Durchblutung der Inselrinde. Das ist jene Hirnregion, in der Schmerzen verarbeitet werden. Die Personen spürten beim Verlust von Besitz einen Trennungsschmerz, der stärker war als die Belohnung durch den erzielten Verkaufsgewinn.

DIE LAWINE AN UNNÖTIGEN DINGEN. Wie kommt es, dass noch bis in die 50er- und 60er-Jahre des vorigen Jahrhunderts manche Menschen mit sehr, sehr wenigen Gegenständen lebten, während wir heute, etwa zwei Generationen später, von Tausenden mehr oder weniger unnötigen Dingen fast überrollt werden?

Die Veränderung kam, als sich das Konsumverhalten der Leute änderte. Versandkataloge erreichten die Dörfer und zeigten eine neue, wunderbare Warenwelt. Nun wurde den Menschen erst bewusst, was sie alles haben könnten, und was sie noch nicht besaßen. Die Kaufkraft stieg, und man konnte sich plötzlich Dinge leisten, die man, nüchtern betrachtet, nicht wirklich benötigte.

Lebensmittelketten, Drogerieketten und Billigmärkte verdrängten nach und nach die kleinen Kaufmannsläden, die zwar im Prinzip alles führten, vom Essig bis zum Petroleum und von der Nähnadel bis zum Damenschuh, aber nicht viel Auswahl boten. Es gab zwar Schuhe, aber nur ein Paar in jeder Größe. Man konnte Pullover oder Blusen kaufen, aber das Sortiment war stark begrenzt. Es gab alles, aber in bescheidenstem Ausmaß.

Es dauerte nur wenige Jahrzehnte, dann herrschte kein Mangel mehr an Dingen. Aber etwas war geschehen, unmerklich, schleichend: die Dinge hatten an Wert verloren. In einem Kinderzimmer, das vor lauter Spielzeug übergeht, hat ein einzelnes Auto oder eine Puppe keine große Bedeutung mehr. Kleidung gibt's billig beim Diskonter. Möbel günstig beim schwedischen Möbelhaus. Das Kaufargument lautet: Bei *dem* Preis muss ich das mitnehmen! So sammelt sich der Plunder an – und die Lieblingshose hat eine Halbwertszeit von ein paar Monaten.

Wer hingegen weniger Dinge besitzt, hat mehr Freude daran. Sie werden zu Lebensbegleitern, an die man noch nach Jahren denkt. Eine Frau aus einer kinderreichen Familie erinnerte sich an ein besonderes Weihnachtsgeschenk. „Das Bunte Buch" war eine Sammlung von Geschichten aus der Kinderzeitschrift „Wunderwelt". Alle sieben Kinder dieser Familie bekamen das Buch gemeinsam geschenkt. Es gehörte allen miteinander und das war für niemanden ein Problem. Man las sich gegenseitig vor und nahm das Buch sogar zum Viehhüten mit. Die Kinder saßen auf der Weide und hörten demjenigen zu, der gerade vorlas. Weil das so spannend und so wunderschön war, griffen die Kinder zu einem Trick, um die Kühe, auf die sie ja eigentlich aufpassen sollten, ruhigzustellen. Sie nahmen heimlich Viehsalz von zu Hause mit, streuten es auf die Wiese und hatten so wieder einige Geschichten lang Ruhe vor den Tieren. Dieses Buch wurde im wahrsten Sinne des Wortes „aufgebraucht". Die Seiten fielen im Laufe der Zeit heraus und der Einband wurde unansehnlich. Jahrelang war es das Lieblingsbuch der Kinder gewesen, bis es sich praktisch in Nichts auflöste. Viele Jahre später hat diese Frau „Das Bunte Buch" als Neuauflage noch einmal gekauft – weil es *das* Buch ihrer Kindheit war.

Oder die Sonntagsschuhe! Die Frau, die mir davon erzählte, war schon fast 90 Jahre alt. Diese Schuhe hatte sie in der vierten Klasse Volksschule bekommen. Es waren ihre ersten richtigen Halbschuhe, also nicht bockige, flache Treter aus festem Schweinsleder, die bis über die Knöchel hinaufreichten. Solche hatte sie bis dahin immer getragen. Nein, das waren Schuhe mit richtigem Absatz aus feinem, glattem Rindsleder. Sie schmiegten sich an den Fuß, hatten schmale

Schuhbänder und eine elegante Schnürung. Und das Beste: Sie waren vom Schuster eigens für sie angefertigt worden! Bis dahin hatte der Vater aus Sparsamkeitsgründen immer auch die Schuhe selbst gemacht. Aber dieses eine Mal war der Schuster ins Haus gekommen und hatte eine Woche lang für alle Familienmitglieder Schuhe angefertigt. Als das Werk getan war, hängte er alle Paare an den Schuhbändern an einer Stange in der Stube auf. Da baumelten sie, die neuen Sonntagsschuhe! Diesen Anblick wird sie nie vergessen.

DER WERT DER DINGE. Wenn man es sich leisten konnte, gab es im Bauernhaus ein Mal im Jahr neues „Gwand" und neue Schuhe. In diesem Fall kamen die Schneiderin (für Damenkleidung), der Schneider (für Herrenkleidung) und der Schuster ins Haus. Man nannte dies „auf Stör Gehen". Kam also die Schneiderin auf Stör, dann fertigte sie aus dem Stoff, der vorher im Kaufmannsladen gekauft worden war, die neuen Kleider an.

Die Näherin, der Schneider, der Schuster – sie verlegten ihre Werkstatt in die Stube der Auftraggeber und arbeiteten dort unter den wachsamen Augen der Hausleute und den neugierigen Blicken der Kinder etwa eine Woche. Jedes Kind wusste also ganz genau, wie man Schuhe herstellte – denn sie waren bei der Produktion vom ersten bis zum letzten Handgriff dabei.

Diese Dinge hatten ihren Wert. Nicht nur weil es gute, solide Handwerksarbeit war, sondern auch, weil man die Herkunft kannte. Kaufte man einen Tisch, oder besser, ließ ihn anfertigen, dann kannte man den Tischler beim Namen, wusste, wie qualitätsvoll er arbeitete und oft kannte man sogar den Wald, in dem das Holz dafür geschlagen worden war.

Wie groß unsere Sehnsucht danach ist, keine anonymen Produkte zu kaufen, zeigt der Erfolg des Versandhauses Manufactum, das im Slogan verspricht: „Es gibt sie noch, die guten Dinge." Fast so ausführlich, wie meine Gesprächspartnerin vom „Bunten Buch" ihrer Kindheit schwärmte, wird hier jeder einzelne Artikel beworben. Will man einen Lesesessel kaufen, erfährt man nicht nur alle Maße und Materialien, sondern auch, welche Tischlerei in Westfalen das edle Stück anfertigt. Man erfährt, dass es schwierig war, noch einen Holzbieger zu finden, der die Bugholzlehnen herstellt. Gott sei Dank entdeckte man im schweizerischen Thurgau noch einen Schlittenbauer, der diese Kunst beherrscht. Auch die Polsterung wird ausführlich beschrieben. Man erfährt, dass sie einen „Mini-Tonnen-Taschenfederkern" enthält – man sitzt also besser, und man weiß warum. Selbstverständlich ist alles handvernäht – daher kostet das gute Stück auch 2099 Euro.

Was für Sessel gilt, kann auch für Jausenbretter gelten. Ein Tischler im Schwarzwald stellt Bretter von besonderer Qualität her, die genau aus der Mitte eines Stammes geschnitten sind. An der Stirnseite kann man das Alter des jeweiligen Baumes an den Jahresringen ablesen. Zur Sicherheit hat der Tischler aber die Anzahl der Jahre noch als Strichliste individuell auf jedes Brett eingebrannt. Der Preis? Etwa das Zehnfache eines normalen „Brettls".

Solche Dinge erhalten ihren Wert durch ihre Einzigartigkeit und durch höchstes handwerkliches Können. Dadurch werden sie zu Luxusgegenständen und nicht für jedermann leistbar.

Unsere Vorfahren machten es so: Sie bestellten beim Handwerker ihres Vertrauens die Dinge, die sie brauchten und behielten diese dann meist das ganze Leben. Stand eine Hochzeit bevor, dann rief man Störhandwerker, die Brauttruhe oder Brautkasten, Betten, Schuhe und Hochzeitskleider anfertigten, ins Haus der Braut. Mehr brauchte das Brautpaar nicht, denn alle anderen Möbel waren schon seit Generationen da, etwa der Esstisch in der Stube, die Bänke und die schönen Tellerborde an der Wand. Warum hätte man etwas, das noch gut und brauchbar war, durch Neues ersetzen sollen?

Günstig waren diese Tischlerarbeiten nicht. Es waren beträchtliche Summen, die die Kunden dafür bezahlten. Aber es waren Anschaffungen fürs Leben, für die man schon lange gespart hatte. Die Stammerhofbäuerin, von der zuvor die Rede war, hatte ihren Kasten bis zu ihrem Tod in ihrem Zimmer stehen. Und vermutlich hält ihn die Familie auch weiterhin in Ehren.

Viele Dinge waren nicht gekauft, sondern selbst gemacht. Handwerklich geschickte Männer konnten Besen binden oder Rechen machen, gar nicht so wenige sogar selbst Schuhe herstellen. Manche Männer verstanden sich aufs Körbeflechten, andere konnten tischlern oder zimmern.

In den meisten Familien nähten die Mütter selbst die Kleider und Schürzen für die Mädchen und die Hemden für die Buben. Man unterschätzt heute leicht die Geschicklichkeit dieser Frauen, die in der wenigen freien Zeit (am Sonntagnachmittag und in den Wintermonaten) an der Nähmaschine saßen. Vorher hatten sie mit Bedacht beim Kramer den richtigen Stoff ausgesucht und nach bewährten Schnittmustern Kleidungsstücke hergestellt. So entstanden Dinge von Wert – handgemacht von der Mutter. Wenn man alte Fotos aufmerksam betrachtet, sieht man häufig Schwestern, die alle das gleiche Modell tragen, etwa ein Dirndl. Ziemlich sicher hat die Mutter die Kleider genäht – voll Stolz auf ihre Töchter.

Eine Frau, die in ihrer Jugend nur Selbstgeschneidertes trug, meinte: „Heute ist man ja dumm, wenn man schneidert. Bei den Preisen! Da ist es schade um die Zeit." Es würde auch niemand mehr löchrige Socken stopfen oder zerrissene Kleidung flicken und ausbessern. Warum auch, sagt sie, die Dinge seien ja nichts mehr wert. Selbst, wenn jemand es wollte, wer könnte das heute noch?

Warum taten das die Menschen früher? Flicken, stopfen, sparen, mit wenigen Dingen auskommen? War es Armut? War es Bescheidenheit? Ohne Zweifel lebten die Menschen bescheiden, auch wenn sie sich nicht bewusst für diesen Lebensstil entschieden haben.

Marie von Ebner-Eschenbach sagte: „Sich mit Wenigem begnügen ist schwer, sich mit Vielem begnügen ist unmöglich." Wenn das stimmt, stehen wir vor einer gewaltigen Herausforderung: Bescheiden ist heutzutage wohl der, der wenig für sich beansprucht, obwohl die Möglichkeit besteht, noch mehr zu bekommen und noch mehr zu haben.

MÜLL? GIBT'S NICHT
Die Kultur der Reparatur

DER FÖN IST KAPUTT. Eigentlich ist er gar nicht kaputt, nur das Kabel ist defekt. Es wäre doch schade, nun das ganze Gerät zu entsorgen, wo doch nur das Kabel ausgetauscht werden muss.

Der Hausverstand sagt einem, dass dafür das Gehäuse aufzumachen ist. Wie gut, dass man kein Billiggerät gekauft hat, das verklebt ist, sondern einen Markenfön, der verschraubt ist. Aber genau da liegt der Hund begraben: Ein paar Schrauben lassen sich lösen, doch nicht alle. Da hilft kein Längs- und kein Kreuzschlitzschraubenzieher, die Dinger sind einfach nicht zu öffnen. Später wird man erfahren, dass diese dreieckigen Schrauben „Security Bits" heißen. Um sie öffnen zu können, müsste man im Baumarkt ein 100-teiliges Spezialschraubenzieherset namens „Spanner Bits" um den halben Preis des Föns kaufen, aber momentan kümmert einen das nicht und man plagt sich so lange mit einem kleinen Schraubenzieher herum, bis man die Dreieckschrauben irgendwie heraußen hat.

Alle Schrauben sind nun entfernt und nun will man das Plastikgehäuse öffnen, aber es funktioniert nicht. Man zwängt die Plastikhälften mit aller Kraft auseinander. Sofort klappen sie wieder zusammen. Das Ganze ist schon längst keine Reparatur mehr. Es ist ein Kampf. Inzwischen ist mehr als eine Stunde vergangen. Aber das ist nebensächlich. Nur mehr eines zählt: Wie kriegt man das neue Kabel in den alten Haartrockner?

Das Problem ist, dass das Gehäuse durch ineinandergreifende Halteklammern gesichert ist. Man hätte die Stellen suchen können, wo sich zwei solche Teile treffen und versuchen, sie zu entriegeln. Aber das sind ohnedies Haarspaltereien. Mit ausreichend Geschick schiebt man das Gehäuse ein klein wenig auseinander und hält es durch eine Zwinge offen. Nun endlich ersetzt man das beschädigte Kabel durch ein neues.

War es das wert? So viel Mühe, so viel Zeit zu investieren, nur um einen Haartrockner im Wert von etwa 40 Euro zu reparieren? Wer sich das fragt, ist mittendrin im Thema „Reparieren oder wegwerfen". Werden Kaffeemaschinen, Waschmaschinen, Toaster, Mixer oder Fernseher kaputt, ist es auf den ersten Blick naheliegend, sie wegzuwerfen. Eine Kosten-Nutzen-Rechnung sieht so aus: Ein neues Gerät kostet etwa gleich viel oder sogar weniger als eine Reparatur in einem Fachgeschäft. Selbst reparieren ist so mühsam geworden, dass man lieber einen neuen Artikel kauft und den alten entsorgt.

Zugespitzt könnte man, entsprechend dem preisgekrönten Dokumentarfilm von Cosima Dannoritzer, sagen: Wir kaufen für die Müllhalde. Dort landet Elektroschrott, aber auch ein Drittel aller Lebensmittel kommt direkt zum Müll. Unmodern gewordene Kleidung, Schuhe, Spielzeug, Plastik aller Art – alles geht denselben unseligen Weg des Wegwerfens und ständigen neu Kaufens.

DIE GESCHICHTE VON DER KISTE. Eine steirische Bauernfamilie pflegte noch vor wenigen Jahrzehnten, all ihren Müll in einer Holzkiste zu sammeln. Wurde eine Glühbirne kaputt, kam sie da hinein. Zerbrach ein Teller, ebenfalls. Diese Holzkiste war der Mülleimer der Familie. Alles, was nicht mehr repariert oder irgendwie weiterverwertet werden konnte, kam in die Kiste. Wie oft die Kiste ausgeleert wurde? Nur ein Mal im Jahr. Öfter war nicht nötig, da sich so wenig ansammelte.

Es war ein Zehn-Personen-Haushalt, von dem hier die Rede ist, und er produzierte nach heutigen Maßstäben praktisch keinen Müll. Diese Familie war kein Ausnahmefall, und sie übte sich auch gar nicht bewusst im Müllvermeiden. Die Menschen hielten es mit dem Müll bloß so, wie es schon die Generationen vor ihnen getan hatten: Sie versuchten so viel wie nur möglich wiederzuverwerten und so wenig wie möglich wegzuwerfen.

Kleidung wurde, wenn sie löchrig war, geflickt. War ein Kleid zu eng geworden, kam die Schneiderin und änderte es um. Hatte man ein Kleidungsstück im Haus, das von niemandem getragen wurde, etwa ein alter Mantel des verstorbenen Großvaters, wurde daraus ein neues Kleidungsstück genäht. War Kinderkleidung den Ältesten zu klein geworden, trugen die jüngeren Geschwister die Sachen. War Festtagskleidung schon etwas abgenützt, diente sie als Werktagsgwand. War das Werktagsgewand „fertig getragen", war es immer noch als Bodenfetzen gut.

Die Teller waren aus Steingut, die Eimer aus Holzgebinde und statt eines Plastiksackerls nahm man einen geflochtenen Korb. Die Besen waren aus Reisig, die Besenstiele aus Holz, ja selbst die Arbeitsschuhe waren in manchen Teilen des Landes ebenfalls aus Holz, nämlich die bewährten Holzbummerln. Plastik gab es in den bäuerlichen Haushalten lange gar nicht oder nur vereinzelt. Gekauft wurde wenig – nicht nur deshalb, weil es an Geld fehlte, sondern auch, weil man alles hatte, was man brauchte, und dieses so lange wie nur möglich verwendete.

Heute macht es viel Aufsehen, wenn jemand versucht, müllfrei oder ohne Plastik zu leben. Die 23-jährige New Yorkerin Lauren Singer startete vor ein paar Jahren ein ungewöhnliches Experiment.

Sie beschloss, keinen Abfall mehr zu verursachen, der nicht natürlich verrottet oder recycelt werden kann. In ihrem Blog „Trash is for Tossers" (Müll ist für Idioten) berichtet sie davon. Zunächst verbannte sie jedes Plastik aus ihrem Haushalt und ihrem Leben. Dann ging sie Schritt für Schritt daran, Müll zu vermeiden. Schuhe und Gewand kauft sie nur mehr in Secondhandläden. Sie kauft Lebensmittel nicht mehr abgepackt, sondern lässt sie in Einmachgläser abfüllen, die sie von zu Hause mitnimmt. Milch kauft sie in Glasflaschen. Sie tauschte ihre Plastikzahnbürste gegen eine aus Bambus. Zahnpasta, Kosmetika, Wasch- und Putzmittel macht sie selbst, indem sie natürliche Zutaten verwendet. Doch überhaupt keinen Müll zu produzieren, schafft auch sie nicht. Und: Auch sie hat ihre „Holzkiste". Es ist ein Marmeladeglas, in dem sie Dinge sammelt, die sie nicht mehr braucht und auch nicht verwerten kann.

WER MÜLL KONSEQUENT VERMEIDET, läuft leicht Gefahr, als ein wenig „übereifrig" betrachtet zu werden. Früher hatte man das Problem nicht. Man dachte gar nicht an Müllvermeidung! Sie ergab sich von selbst. Man pflegte einen Lebensstil, bei dem, wie in einem großen Kreislauf, jedes Ding irgendwie weiterverwendet werden konnte.

Wie kreativ die Menschen dabei waren, zeigt folgendes Beispiel: Ein Kärntner wurde als Bub oft in den Wald geschickt, um Schwarzbeergestrüpp zu holen. Daraus stellte er eine Art Putzschwamm her. Er schnitt das Geäst der Schwarzbeersträucher ab, brachte es nach Hause und band es dort in kleinen Büscheln zusammen. Danach schnitt er die Bündel sorgsam zurecht und fertig war der „Putzwaschl". Dieser eignete sich hervorragend, um Töpfe zu reinigen und Angebranntes wegzukratzen.

Mit jeder Ressource wurde sorgsam umgegangen, sogar mit den

Resten von Stallmist: Im Frühjahr wurde der Mist auf die Felder geführt und dort mit der Egge über die ganze Fläche verteilt. Da in den Ställen auch Stroh als Einstreu verwendet wurde, das sich in der Folge mit dem Mist vermischte, verteilte sich auch das lange Stroh auf dem Ackerboden. Unter die Zähne der Egge waren Reisigbündel gebunden worden, um eine feinere Verteilung des Mistes zu erreichen. Nun lagen also Reisigreste und Strohhalme auf den Feldern. Sie dort verrotten zu lassen, wäre Verschwendung gewesen. Man rechte sie feinsäuberlich zusammen und nahm sie wieder mit nach Hause, wo sie sofort Verwendung fanden: als Brennmaterial für den Herd, auf dem das Mittagessen gekocht wurde.

Die Holzasche aus den Öfen fand ebenfalls vielfältige Verwendung. Man stellte aus ihr eine Lauge her, mit der man die Wäsche wusch und die Fußböden reinigte. Tatsächlich war die Aschenlauge ein Allzweckputzmittel mit hervorragender Reinigungskraft. Die restliche Asche wurde im Garten als Dünger verteilt.

Früher, als noch viel mit Holz geheizt wurde, gingen Aschensammler durch die Städte, um Holzasche aufzukaufen. In Wien riefen sie dazu laut „An Aschn!", damit auch jeder wusste, dass sie da sind. Daran erinnert uns noch das „Aschenlied" aus dem Stück „Der Bauer als Millionär" von Ferdinand Raimund. Aus der Asche wurde Pottasche hergestellt, die wiederum in der Glas-, Seifen- und Farbenindustrie Verwendung fand.

War im Haushalt etwas kaputt gegangen, wurde es, wenn möglich, repariert. Waren Metalltöpfe, Kessel oder Pfannen löchrig, wurden sie geflickt. War eine Schüssel gesprungen und drohte sie zu zerbrechen, wurde sie „gebunden", das heißt mit einem schützenden Drahtgeflecht umgeben. Beides erledigten die Rastelbinder oder Pfannenflicker. Sie zogen von Dorf zu Dorf und gingen von Haus zu Haus. In den Häusern wurden die zu reparierenden Gegenstände so lange aufgehoben, bis die fahrenden Handwerker kamen, um sie mitzunehmen. Das gleiche passierte mit Messern und Scheren, die stumpf geworden waren. Sie wurden vom fahrenden Scherenschleifer gegen wenig Geld wieder geschärft.

DIE KULTUR DES REPARIERENS hat viel mit der Achtsamkeit zu tun, die wir den Dingen gegenüber entwickeln. Nur Dinge, die uns etwas wert geworden sind, versuchen wir zu erhalten und nicht gleich wegzuwerfen.

Der Direktor des Deutschen Museums Wolfgang Heckl trägt noch heute ab und zu den Anzug seines Großvaters aus den 1920er-Jahren, wenn er mit seiner Frau tanzen geht. Vor etwa 80 Jahren hat sich der Großvater diesen Anzug aus sehr gutem Stoff geleistet. Er war kein Billigprodukt und hat wohl einiges gekostet. Der Anzug wurde in all den Jahren mit Wertschätzung behandelt. Einmal wurde er weiter gemacht, dann wieder enger. Wenn eine Naht aufging, wurde sie wieder fachgerecht vernäht. Er kam nicht in die Altkleidersammlung und auch nicht zum Müll.

Es hat viel mit Qualität zu tun, ob ein Produkt nachhaltig ist. Ein guter Stoff, solide gemachte Schuhe, ein Möbelstück aus Meisterhand – das sind Gegenstände, die lange halten und eine Reparatur wert sind. Wer solche Dinge besitzt und sie zu schätzen weiß, wird lange nichts Neues kaufen. Das allerdings kurbelt die Wirtschaft nicht an. Bereits 1928 schrieb eine Werbezeitschrift unumwunden: „Ein Artikel, der sich nicht abnutzt, ist eine Tragödie fürs Geschäft." Mitten in der amerikanischen Wirtschaftskrise 1932 gab der Ökonom Bernard London den Konsumenten die Schuld am wirtschaftlichen Niedergang. Er schlug vor, bewusst Schwachstellen in Produkte einzubauen, damit das Produkt schneller defekt wird und nicht in vollem Umfang genutzt werden kann. Dies nannte er „geplante Obsoleszenz", geplante Abnützung. Nur so, dachte er, kann die Wirtschaft wiederbelebt werden.

Der Eindruck täuscht auch nicht, dass es den Kunden heute besonders schwer, fast unmöglich gemacht wird, etwas zu reparieren. Verschweißte Nähte an Laptops und Handys machen eine Reparatur manchmal tatsächlich unmöglich. Ersatzteile sind gar nicht oder nur schwer zu bekommen und undurchdringliche Gehäuse bei Kaffeemaschinen oder Haarfön sollen den Konsumenten wohl abschrecken.

Kurz nach Ende der Gewährleistungsfrist gibt der Toaster seinen Geist auf. Die Waschmaschine ist nach fünf Jahren kaputt. Funktionierte die alte Maschine nicht doppelt so lang? Täuschen wir uns, oder hielten die alten Röhrenfernseher nicht viel länger als die neuen flachen TV-Geräte? Die Frage, ob es wirklich geplante Obsoleszenz dieser Art gibt, ist ungeklärt. Sicher ist aber, dass ein billiges Produkt auch billig hergestellt ist und nicht darauf ausgelegt, ungewöhnlich lange zu funktionieren.

WIE LANGE DARF EINE GLÜHBIRNE BRENNEN? Vermutlich sind Glühbirnen das erste Produkt, deren lange Haltbarkeit durch eine geplante verkürzte Lebensdauer verhindert wurde. Im Jahr 1924 trafen sich Vertreter von namhaften Produzenten wie Osram, Philips oder Tungsram, das Phoebus-Kartell, um einerseits verbindliche Industriestandards festzulegen, aber auch, um die Lebensdauer einer Glühbirne von damals durchschnittlich 2 000 Stunden auf 1 000 Stunden zu verkürzen. Ziel war es, den regelmäßigen Verkauf von Glühbirnen sicherzustellen. 1 000 Stunden waren lang genug, um die Konsumenten nicht zu verärgern und kurz genug, um den Verkauf anzukurbeln.

Man beschloss damals, das Produkt, nur so gut wie nötig und

nicht so gut wie möglich herzustellen. In der Anfangszeit der Glühbirnen dachte man noch anders – man hielt es für ein Qualitätsmerkmal, wenn die Leuchtkörper so lange wie möglich brannten.

Adolphe A. Chaillet erfand 1900 einen äußerst langlebigen Glühfaden. Stolz wurde diese neuartige Glühbirne vom Hersteller Shelby Electrics als *longest life* vermarktet. Die Chaillet-Glühbirne brannte sogar viel länger als die von Thomas Alva Edison 1880 patentierte Glühlampe. Pech gehabt. Nach dem Kartell-Beschluss von 1924 wurde das langlebige Produkt vom Markt genommen.

Nun wäre diese Geschichte zu Ende, wenn nicht in der Feuerwache des Örtchen Livermore im US-Bundestaat Kalifornien genau so eine Glühbirne leuchten würde. Sie tut dies fast ununterbrochen seit dem Jahr 1901. Diese Glühlampe war ein Geschenk eines Unternehmers an die Feuerwehr. Es ist also anzunehmen, dass sie einigermaßen kostspielig war. Aber Qualität hat ihren Preis. Und: sie brennt schon seit über 100 Jahren.

Sogar eine Webcam sendet seit einigen Jahren alle 10 Sekunden ein Bild der berühmten Lampe in die Welt hinaus. Die Webcam musste inzwischen übrigens drei Mal ersetzt werden, die Glühbirne ist aber immer noch die gleiche.

Es stellt sich die Frage: Wollen wir überhaupt, dass Dinge so lange halten? Aus Kärnten ist folgender Spruch überliefert: „Spinnrad spinn, Spinnrad spinn, spinn an goldnen Faden, damit mar a Gwandle kriagn, was man Jahrzehnte lang kann tragen." Wollen wir das? Eine Hose wird nach einer Saison ja nicht unbrauchbar, höchstens unmodern. Ein Kleid könnte theoretisch so lange getragen werden, bis sich der Stoff abnutzt. Aber in unseren Augen hat ein Kleidungstück oft schon dann ausgedient, wenn Schnitt und Farbe nicht mehr aktuell sind. Das imaginäre Haltbarkeitsdatum ist überschritten. Das nennt man psychologische Obsoleszenz.

Der US-Designer Brooks Stevens hat die psychologische Obsoleszenz zwar nicht erfunden, aber meisterlich beherrscht. Er wollte, dass Kunden freiwillig auf Dinge verzichten, die eigentlich noch brauchbar waren. Wie? Er schlug vor, man sollte dem Käufer „den Wunsch einträufeln" und in ihm das Verlangen wecken, etwas zu besitzen, „das ein wenig neuer und ein wenig besser" ist als das vorangehende Produkt und – ganz wichtig – „ein wenig früher als nötig" zu kaufen. Das ist hervorragend gelungen. Dies gilt nicht nur für Kleidung, sondern auch für Elektrogeräte, besonders für Elektronik. Wer will seinen alten Fernseher noch behalten, wenn es einen viel größeren und in HD-Qualität gibt?

EIN HALBES KILO MEHL, 20 DEKA ZUCKER UND 2 DEKA GERM – Zutaten für einen Germgugelhupf, offen abgewogen und in Papiertüten verpackt. Vielleicht noch 5 Deka Rosinen dazu und Kaffee für den Sonntag. Ein paar Stück Würfelzucker für die Großmutter, die darauf ihre Baldriantropfen träufelt. Das war früher der Wochenendeinkauf. Er wurde beim Greißler, beim Krämer, beim Kaufmann im Ort getätigt, der die meisten Waren offen anbot. Man stand an der Theke, bei der „Budl", und wurde bedient. Man gab an, was man brauchte und kaufte nur, was man vorhatte.

Man kaufte nicht auf Vorrat, sondern lieber öfter kleine Mengen. Der Kaufmann füllte Öl in mitgebrachte Kannen ab und wog sorgfältig offene Ware wie Grieß, Mehl oder Salz und verpackte sie in Papiertüten. Alles wurde auf die Budl gestellt und von der Kundin in den mitgebrachten Korb gepackt.

Wer als Kind noch so einen Gemischtwarenladen erlebt hat, der erinnert sich sicher an die Glasdose mit den Zuckerln auf der Theke und an das „Wurstradl", das die Verkäuferin dem Kind anbot, wenn die Mutter ein Paar Deka Wurst aufschneiden ließ. Die Zuckerln wurden stückweise verkauft und auch die legendären „Stollwerck", von denen eines 10 Groschen gekostet hat.

Was so sorgfältig überlegt eingekauft wurde, landete niemals auf dem Müll. Es macht einen Unterschied, ob ich den Einkaufswagen mit Multipackaktionen vollbelade und alles aus den Regalen nehme, oder ob ich als Kundin wahrgenommen und bedient werde. Der Kaufmann war eine wichtige Person im Ort. Der Laden war Kommunikationszentrum und Ort für Mikrokredite, denn ab und zu musste jeder „anschreiben" lassen.

Zur Infrastruktur eines jeden Dorfes gehörten neben dem Kaufmann auch der Schmied, der Wagner, der Sattler, der Schneider, der Schuster und der Fassbinder. Diese Handwerker machten einen guten Teil ihres Geschäftes mit Reparaturen und Ausbesserungsarbeiten. Wegwerfartikel gab es nicht. Alle Dinge, von den Schuhen über Leiterwägen bis zu den Mostfässern, waren darauf angelegt, so lange wie möglich verwendet zu werden.

VERSCHWENDUNG. In Europa und Nordamerika wirft jeder Bürger im Jahr mehr als das eigene Körpergewicht an Nahrungsmitteln in den Müll. Ein Drittel aller Lebensmittel landen im Abfall. Es handelt sich dabei zum Großteil um Produkte, die ohne Weiteres noch genießbar wären: Kartoffeln, die zu knollig sind, schief gewachsene Gurken, frisches Brot, das nicht mehr verkauft werden konnte, und Lebensmittel, die zwar noch genießbar sind, deren Haltbarkeitsdatum aber abgelaufen ist.

Wissen wir spontan, wie viel ein Kilo Brot oder ein Liter Milch kostet? Wir haben den Wert der Grundnahrungsmittel völlig aus dem Blickfeld verloren. Ein Bauer erzählte mir, dass er es nicht ertragen kann, wenn ein Brotlaib verkehrt herum auf dem Tisch liegt. Das tut ihm weh. Es erscheint ihm respektlos dem Brot gegenüber, dem, in seinen Augen, wichtigsten Lebensmittel. Sieht er einen Brotlaib so liegen, muss er ihn sofort umdrehen, auch wenn er nicht bei sich zu Hause ist. Er würde Brot nie wegwerfen, selbst dann nicht, wenn es hart geworden ist. Altbackenes Brot schneidet er in kleine Stückchen und verwendet diese als Suppeneinlage.

Das ist keine Methode zur Müllvermeidung, das ist eine innere Haltung, heute würde man es vielleicht Achtsamkeit nennen: Man wirft kein Brot weg. So etwas tut man einfach nicht. Man wirft Nahrungsmittel nur dann weg, wenn sie verdorben sind. Das stellt man fest, indem man an ihnen riecht, sie kostet, schmeckt und vor allem genau anschaut. Dann weiß man, ob etwas noch gut ist oder schon schlecht. Dazu braucht es kein Ablaufdatum, kein „Haltbar bis". Dazu braucht man bloß den Hausverstand und ein wenig Kenntnis über Lebensmittel.

Auch der Gedanke, möglichst viel von dem, was anfällt, weiter- und wiederzuverwerten, war kein Recycling-Trick, sondern eine ethische Haltung. Wurde ein Schwein geschlachtet, wurde es mit Haut und Haar verwertet. Schlachtabfälle gab es nicht. Wurden Bäume gefällt, sammelte man danach die Rinde ein, um sie als Rohstoff der Gerberei zu verkaufen. Wurden Kartoffeln gekocht, verfütterte man die Schalen an die Schweine.

Zum Abschluss noch ein paar weise Worte eines alten Bauern zur „Ethik der Reparatur". Er hielt in unserem Gespräch beinah eine kleine Rede und formulierte seine Worte ungefähr so: „Zum Beispiel die alten Rechen, die waren ein Kunstwerk. Worauf es ankam, war die Neigung der Rechenzähne zum Stiel. Wenn diese Neigung gestimmt hat, dann konnte man den Rechen leicht ziehen. War sie zu steil, hackte man in den Boden. War sie zu flach, konnte man damit nichts fassen. Jeder Bauer hatte Rechen mit verschiedener Neigung: einen für den Berg, einen für die Ebene.

So einen Rechen konnte bei Weitem nicht jeder Bauer selbst machen, aber jeder konnte ihn selbst reparieren. Wobei, wenn ein Zahn abgebrochen ist, dann war das ein Grund zur Rüge für den, dem das passiert ist. Es war ein Zeichen von Unachtsamkeit, vielleicht auch von Schlamperei, wenn das Holz morsch geworden war. So etwas sollte nicht passieren. Denn Werkzeug hat einen Wert. Jede Kleinigkeit hat eine Bedeutung und einen Wert. Es will mir nicht in den Kopf, dass man heute Werkzeug im Freien herumliegen lässt. Was willst du denn dann noch reparieren, wenn das Ganze morsch geworden ist? Ein Holzrechen, der ordentlich behandelt wurde, hat jahrelang gehalten. So soll es sein!"

ERZÄHL MIR WAS!
Warum wir Geschichten brauchen

GESCHICHTEN LASSEN BILDER IM KOPF ENTSTEHEN. Das weiß jeder gute Geschichtenerzähler, und das wusste auch der Winkler Friedl ganz genau. Man sagt, der Friedl habe besonders gerne an den langen Winterabenden, wenn die Frauen in der Stube an den Spinnrädern saßen, Geistergeschichten erzählt. Immer wieder hat er sich neue Geschichten einfallen lassen, die noch spannender und noch gruseliger waren als die vorhergehenden. Irgendwann gab er sein Geheimnis preis: „Das ist so: Wenn ich meine Geschichten erzähle, dann fangen sich die Frauen zu fürchten an und hocken sich ganz nah zu mir her!" Der Friedl genoss die Reaktion seines Publikums, in diesem Fall der Frauen, die seine Nähe suchten. Er wusste, dass seine Geschichten ihre Wirkung nicht verfehlen würden.

Der Winkler Friedl war ein Geschichtenerzähler, wie es ihn früher fast in jedem Dorf gab. Er lebte am Laufenberg bei Radenthein und erzählte nicht nur Geistergeschichten, sondern vor allem selbst erfundene Abenteuer nach Art des Baron Münchhausen, in denen er selbst immer die Hauptrolle spielte. An besonders aufregenden Stellen pflegte er „Ah Bua!" zu rufen, um die Spannung noch zu steigern.

Eine seiner vielen Geschichten gebe ich hier in verkürzter Form wieder: „Da bin ich einmal bei tiefem Schnee über die Laufenberger Wiese gegangen. Wie ich in der Mitte der Wiese gewesen bin, sehe ich eine riesige Lawine auf mich zukommen! Ah Bua! Was tun?

Geistesgegenwärtig wie ich bin, habe ich meinen Bergstecken fest in den Boden hineingesteckt und bin auf dem Stecken in die Höhe gesprungen. Die Lawine ist in dem Moment unter mir durchgerast. Ah Bua!" Was passiert mit uns, während wir diese Geschichte lesen? Der Friedl hat in unseren Köpfen ein Bild entstehen lassen! Wir können gar nicht anders, wir sehen ihn vor unserem inneren Auge, wie er den langen Bergstecken nimmt und sich wie ein Stabhochspringer hochschwingt, damit er der Lawine entkommt.

Wir sehen, gute Geschichten „funktionieren" auch heute noch. Aber wollen wir sie hören? Können wir uns auf das Erzählte einlassen? Haben wir die Ruhe, zuzuhören?

Rafik Schami[9] ist ein moderner Geschichtenerzähler. Wer eine Lesung von ihm besucht, sieht ihn keine Sekunde aus seinen Büchern vorlesen. Stattdessen beginnt er, frei zu erzählen. Es sind märchenhafte Geschichten aus seiner Kindheit in Damaskus. Manchmal erzählt er auch Geschichten, die ihm selbst irgendwann einmal erzählt worden sind. Wenn Rafik Schami spricht, fällt es gar nicht schwer, ihm zuzuhören. Eine Stunde, eineinhalb Stunden hängen die Zuhörer an seinen Lippen. Keiner verlässt vorzeitig den Raum, weil ihm langweilig wird. Am Ende ist auch keiner erschöpft vom langen Zuhören – im Gegenteil, man fühlt sich auf wunderbare Weise belebt. Es ist, als ob die Geschichten nun in einem selbst weiterleben würden.

Man mag einwenden, Rafik Schami ist eben ein arabischer Geschichtenerzähler, der sein Handwerk beherrscht. Und der Winkler Friedl lebte halt in einer anderen Zeit. In einer Zeit ohne Computer und ohne Fernsehen, in der die Menschen noch nicht von Reizen aller Art so überflutet waren, dass sie jemand anderem kaum länger als ein paar Minuten aufmerksam zuhören konnten.

TV-WERBESPOTS DAUERN NIE LANGER ALS 30 SEKUNDEN. Ein Beitrag in der Nachrichtensendung „Zeit im Bild" dauert heute maximal 1 Minute und 50 Sekunden. Wird ein Politiker von einem Fernsehreporter interviewt, weiß er, dass er sich kurz fassen muss. Sein Originalbeitrag in einer Nachrichtensendung wird nie länger als 11, 12 Sekunden sein. In dieser Zeit kann man keine Geschichten erzählen. Man hat vielleicht drei, vier Sätze, um seine Botschaft zu formulieren. In den USA sind die Zeiten, in denen ein Interviewter in Nachrichtensendungen zu Wort kommt sogar noch kürzer, nur etwa 7 Sekunden.

Die Dinge haben sich so entwickelt, weil man glaubt, uns Zuhörern keine längeren Beiträge mehr zumuten zu können. Man meint, die Aufmerksamkeit des durchschnittlichen Fernsehkonsumenten würde schnell erlahmen, und er würde zum nächsten Sender zappen oder zum Kühlschrank gehen, wenn zu lange über ein Thema geredet wird.

Längst bereiten sich Politiker und Wirtschaftsfachleute mit TV-Coaches penibel auf ihre Auftritte vor. Es geht nicht nur darum, nichts Falsches zu sagen, es geht auch darum, die Kunst der prägnanten und kurzen Rede zu beherrschen.

In Amerika, wo sonst, wurde die „30-Sekunden-Rede" erfunden, die seither fleißig in Business-Seminaren geübt wird. Bei diesen kurzen Ansprachen geht es einzig und allein darum, in kürzester Zeit einen bleibenden Eindruck zu hinterlassen. Diese Minireden werden auch „Fahrstuhlreden" oder „Elevator-Pitch" genannt. Sie dauern nämlich genau so lange, wie ein Lift braucht, um vom Parterre in den 14. Stock zu fahren. Der Grundgedanke ist, dass junge Mitarbeiter ihrem Chef eine tolle Idee präsentieren wollen, aber dieser keine Zeit für sie hat. Die Lösung: Sie warten, bis der Chef in den Lift steigt, und beginnen zu reden. Nun *muss* er zuhören –

zumindest so lange die Fahrt dauert. Die *Elevator-Pitch* ist die hohe Kunst, in wenigen Sekunden alles auf den Punkt zu bringen. Sie begegnet uns heute auf Schritt und Tritt überall dort, wo die Zeit knapp ist. Beratungsfirmen leben davon, Menschen zu trainieren, in wenigen Sekunden „alles" zu sagen.

Sie werden um Ihre Meinung gefragt? Sie haben aber nicht mehr als 30 Sekunden Zeit für ihre kleine Ansprache! Wer jetzt nicht in teuren Seminaren gecoacht und gedrillt ist, atmet gerade einmal ein und einmal aus und die Zeit ist schon fast vorbei.

So traurig es ist, aber wir Zuhörer haben uns an dieses rasante Tempo gewöhnt. Wir merken kaum, dass die Beiträge in den Informationssendungen immer kürzer werden. Wir achten nicht darauf, dass Filme „schneller" werden, weil die einzelnen Filmszenen in kürzerer Abfolge geschnitten sind. Wir haben uns daran gewöhnt, dass auch die Filmdialoge insgesamt kürzer werden, auch dass die Charaktere in den Filmen in immer kürzeren Sätzen miteinander reden.

Erst wenn wir alte Filme aus den 1950er- oder 1960er-Jahren ansehen, merken wir, dass diese nicht so temporeich sind wie gewohnt. Wenn wir ältere Fernsehbeiträge sehen, fällt uns auf, das alles langsam vor sich geht: Die Leute reden länger und ausführlicher, sie wirken manchmal weniger professionell als heute, dafür möglicherweise authentischer.

Vielleicht kann man uns mit dem sprichwörtlichen Frosch vergleichen, der langsam im Wasser gekocht wird, ohne dass er es merkt. Steckt man einen Frosch in siedendes Wasser, springt er auf der Stelle heraus. Befindet er sich hingegen im kalten Wasser und wärmt man es allmählich auf, empfindet der Frosch die zunehmende Wärme als angenehm und versäumt den Moment, rechtzeitig zu flüchten. Ist es so auch mit uns? Sind wir unfähig geworden, länger als ein paar Minuten aufmerksam zu bleiben? Ist es für uns zu spät, aus dem „siedenden Wasser" zu springen und wieder, wie in den alten Zeiten, einfach zu erzählen und in Ruhe zuzuhören?

1000 UND EINE GESCHICHTE. Eine Dame aus der Oststeiermark erzählte mir eine schöne Geschichte aus ihrer Kindheit in den 1940ern: Mittags nach der Schule hatten die Kinder einen langen Heimweg zu Fuß zurückzulegen. Eines dieser Kinder, ein Nachbarbub, verkürzte den Weg, indem er den beiden anderen Geschichten erzählte. Wie in „Tausendundeine Nacht" pflegte er Tag für Tag mit einer neuen Fortsetzung aufzuwarten. Bloß, die Geschichten waren nicht erfunden, sondern Nacherzählungen der Karl-May-Bücher. Jeweils das Kapitel, das er am Vortag gelesen hatte, erzählte er tags darauf ausführlich am Heimweg seinen Freunden. Der Erzähler hatte so doppelte Freude: beim Lesen und beim Nacherzählen.

Wer heute Karl May liest, dem wird vielleicht ein bisschen langweilig. Karl May nimmt sich viel Zeit, Charaktere und Geschichten zu entwickeln. Manchmal dauert es fünfzig Seiten, bis man so richtig in der Handlung drin ist. Das könnte sich heute kein Autor mehr erlauben. Der Schriftsteller Josef Winkler bringt die Sache auf den Punkt: „Bei den heutigen Kinder- und Jugendbüchern sehe ich, dass auf allen Seiten Ungeheuerliches passieren muss, ansonsten liest niemand weiter."

Der Winkler Friedl sagte einfach: „Ah Bua!" Schon wusste der Zuschauer: Jetzt wird es wieder spannend, jetzt heißt es gut aufpassen! Zu einer guten Geschichte gehört eben nicht nur der Erzähler, sondern auch der Zuhörer, der bereit ist, sich einzulassen. Die Kunst des Erzählens will erlernt sein, aber auch die Kunst zuhören zu können, muss geübt werden. Auch hier gilt: Wer es als Kind nicht übt, lernt es vielleicht nie.

Kindern wurde früher viel mehr erzählt als heute. Beim Arbeiten auf dem Feld, beim Wandern auf die Alm und am Abend beim Zubettgehen bekamen sie Geschichten zu hören. Etwas erzählt zu bekommen und dabei im Arm gehalten zu werden, was gibt es Schöneres? Eine Ennstalerin erinnert sich: „Im Schlafstüberl wurde an den Winterabenden das kleine Öferl eingeheizt, und dann hat der Großvater Geschichten erzählt. Im Zimmer war es ganz finster, und man hat nur an den Wänden die Lichtstrahlen gesehen, die aus dem undichten Ofentürl gefallen sind. Man hat die Strahlen gesehen, und das Holz hat geknistert – und der Großvater hat erzählt."

Die Zeit, bevor der Fernseher in die Wohnzimmer Einzug hielt, war eine Zeit des Erzählens und der Geschichten gewesen. Nach Feierabend, wenn man beieinandersaß, wurde „geratscht". Ratschen hieß nicht nur „tratschen", sondern war in erster Linie ein reger Austausch von Neuigkeiten, Berichten über den vergangenen Tag und ein Ausblick auf den nächsten. Bei jeder sich bietenden Gelegenheit wurden Geschichten erzählt: bei Gemeinschaftsarbeiten wie dem Spinnen oder „Federnschleißen", an langen Winterabenden oder auch in fröhlichen Wirtshausrunden. Sogar bei Totenwachen wurden nicht selten Geistergeschichten erzählt.

Kinder wuchsen mit dem Gefühl auf, dass es äußerst interessant ist, den Geschichten der Erwachsenen zuzuhören. Wenn man still dasaß, konnte es vielleicht passieren, dass die Großen auf einen vergaßen und man so Dinge zu hören bekam, die abenteuerlich, gruselig, geheim, spannend und auf jeden Fall interessant waren. Menschen, die diese Zeit miterlebt haben, kennen noch den Ausruf: „Schindel am Dach!" Er bedeutete so viel wie: „Achtung, ein Kind ist da! Es soll nicht hören, was wir erzählen!"

WIR SIND SÜCHTIG NACH GESCHICHTEN. Niemand weiß das besser als die Werbeindustrie. Jeder gute Werbespot erzählt eine kleine Geschichte. Diese Art von Geschichtenerzählen nennt sich auf Neudeutsch *Storytelling*, ist aber im Grunde nichts anderes als die gute alte Tradition des Erzählens, wie sie schon der Winkler Friedl beherrschte. Fakt ist: Menschen lieben Geschichten und erzählen sie gern weiter. Wer gute Geschichten erzählen kann, hinterlässt bleibenden Eindruck. Warum das so ist? Eine Geschichte weckt in uns Emotionen und lässt in unserem Kopf Bilder entstehen.

Ein bekannter Dosengetränkehersteller investiert seit jeher gut ein Drittel des Umsatzes in Werbung und Marketing. Hören wir den Firmennamen, sehen wir vielleicht eine Zeichentrickfigur vor uns, der nach dem Genuss des Getränks Flügel wachsen. Oder wir denken an Felix Baumgartners Sprung aus dem All, der weltweit auf vielen Sendern übertragen wurde. Das Salzburger Unternehmen hat es geschafft, sein Produkt mit unverwechselbaren Geschichten zu verknüpfen.

Wenden wir uns wieder dem Winkler Friedl zu. Wie hat er es geschafft, seine Zuhörer zu fesseln? Einer, der ihn noch gekannt hat, sagte: „Dem Friedl hättest du Tag und Nacht zuhören können!" Was war sein Geheimnis? Schauen wir eine seiner Geschichten genauer an. Der Friedl hätte sie in der Stube oder im Gasthaus erzählt, seine Zuhörer wären gespannt um den Tisch herum gesessen und hätten darauf gewartet, dass er „Ah, Bua!"sagt.

Die Geschichte beginnt so, wie viele gute Fantasiegeschichten anfangen: im ganz realen Leben. Also, der Friedl war wieder einmal am Rosenkofel oben und sieht, wie ein Rehbock auf ihn zukommt. „Ah, Bua", denkt er sich, „den werd ich schießen!" Der Bock kommt immer näher. So nah, dass der Friedl zehn Schritte zurück gehen muss, um überhaupt anlegen zu können. Dann hat's getuscht und gekracht und den Bock hat's auf die Erde g'haut. Der Friedl hat ihn weidmännisch aufgebrochen und gerade hinten am Rucksack befestigt, da hört er ein Rauschen. Er schaut auf und sieht, wie ein Adler geradewegs auf ihn zufliegt! Der Friedl kann sich gar nicht so schnell umdrehen, da hat ihn der Adler schon am Krawattl gepackt und fliegt mit ihm und dem Bock im Rucksack in die Luft Richtung Mirnock. „Ah, Bua", denkt sich der Friedl, „da muss was g'schehn!"

Ohne viel nachzudenken, nimmt er seine Büchse und schießt zum Adler hinauf und trifft einen der großen Adlerflügel. Was glaubt ihr, was der Adler von dem Schuss für ein Loch gehabt hat! Es war so groß, dass die Sonne durchgescheint hat. Na, dann hat der Adler den Friedl ausgelassen, gerade beim „Zeanitznzaun". Weidmannsheil!

Der Friedl hat bei dieser Geschichte alles richtig gemacht. Er hat ein Thema gewählt, dass seine bäuerlichen Zuhörer interessiert: die Jagd. Vom ersten Wort an beginnt in den Köpfen des Publikums ein Film zu laufen. Man sieht den Rehbock vor sich, den Adler, den Flug durch die Luft und die unsanfte Landung. Der Friedl beherrscht, was alle guten Geschichtenerzähler auszeichnet: er sorgt für herrliche dramaturgische Wendungen. Man will wissen, wie es weitergeht, und man hält beinah den Atem an, als der Adler den Friedl packt. Man ist überrascht, und am Ende atmet man erleichtert auf.

Die Geschichten des Winkler Friedl wurden zu seinen Lebzeiten nie niedergeschrieben. Dennoch können seine Zuhörer, sofern sie noch leben, auch heute, Jahrzehnte nach seinem Tod, seine Geschichten nacherzählen. Sie erinnern sich an alle wesentlichen Details und an alle überraschenden Wendungen. Wie kommt das? Vereinfacht gesagt: Unser Gedächtnis erinnert sich nur an Bilder wirklich gut. Wollen wir uns etwa einen Namen merken, ist es ratsam, ihn mit einem einprägsamen Bild zu verknüpfen. Aus dem gleichen Grund haften die Geschichten des Friedl so gut in unserem Gedächtnis – weil sie permanent Bilder in uns hervorrufen.

MAN SAGT, WER IN BILDERN DENKT, VERGISST NICHTS. Man könnte aber auch sagen, wer bildhaft erzählt, hilft dem Zuhörer, sich die Geschichte zu merken. Und nun sind wir bei einem weiteren Geheimnis der alten Geschichtenerzähler: Ihre bildhafte Sprache half ihnen dabei, jedes Abenteuer immer wieder im fast gleichen Wortlaut wiederzugeben.

Ich erinnere mich an einen alten Sölktaler Bauern, der mir vor Jahren ein paar Wilderergeschichten erzählt hat. Als ich ihn bei meinem nächsten Besuch bat, mir doch die eine oder andere Geschichte nochmal vorzutragen, war ich verblüfft. Ich stellte fest, dass er beinah dieselben Worte wie beim letzten Mal verwendete! Und die Spannung wurde haargenau gleich aufgebaut wie bei der ersten Wiedergabe. Jede Wendung war identisch. Jeder Ausruf des Wilderers, jede Entgegnung der Jäger – alles fast wortwörtlich gleich.

Dieser alte Bauer befindet sich in guter Gesellschaft. Die germanischen Sagen, die antiken Epen, Märchen, die großen Erzählungen aller Völker – sie wurden lange Zeit nur mündlich weitergegeben. So nimmt man an, dass das Nibelungenlied etwa 700 Jahre lang nur mündlich weitergegeben wurde, ehe es niedergeschrieben worden ist. Auch die „Ilias" und die „Odyssee" wurden, bevor Homer sie aufschrieb, erzählt. Als die Gebrüder Grimm sich daran machten, ihre Märchen zu verfassen, schrieben sie nieder, was bereits lange Zeit von Generation zu Generation mündlich tradiert worden war.

Die meisten dieser Erzähler waren Analphabeten. Das griechische Wort *epos* bedeutet „das Gesagte". Das deutsche Wort *Sage* von althochdeutsch *saga* drückt genau das Gleiche aus. Jahrtausendelang erzählten die Menschen einander Geschichten, statt sie niederzuschreiben und „sagten weiter", was sie von den Alten gehört hatten.

Nicht nur der Sölktaler Bauer und seine Wilderergeschichten, viele der alten Erzähler stehen in dieser Tradition. Jedes Dorf, jedes Tal hatte seine Geschichtenerzähler. Jeder dieser Erzähler hatte ein bestimmtes Repertoire an Geschichten und Sagen. Natürlich kannten die Zuhörer die meisten Geschichten schon längst in- und auswendig. Dennoch wollten sie sie immer wieder und wieder hören. Dass man den Ausgang schon kannte, tat der Spannung keinen Abruch, im Gegenteil. Gerade, weil man wusste, was kommt, fieberte man mit und freute sich schon auf besonders spannende oder lustige Stellen.

Der Literaturwissenschaftler Jonathan Gottschall bezeichnet den Menschen als *story animal*, als Geschichtentier. Er meint damit, dass Geschichten für den Menschen essenziell wichtig sind. Geschichten berühren nicht nur unser Herz, sie können uns sogar so stark beeinflussen, dass wir durch eine beeindruckende Geschichte unsere Meinung zu allen möglichen Themen grundsätzlich verändern.

Wir begegnen im Alltag ganz unterschiedlichen Formen von Geschichten, sei es die Erzählung eines Freundes in der U-Bahn oder der Kinofilm am Abend. Manchmal ist es auch nur ein Lied, dessen Geschichte uns gefangen nimmt. Genau dies ist Gotschall, einem renommierten Universitätsprofessor, passiert: An einem wunderschönen Herbsttag war er mit seinem Auto unterwegs und hörte im Radio den Country-Song „Stealing Cinderella". In dem Lied geht es um ein kleines Mädchen, das erwachsen geworden war, und dessen Freund nun beim Vater des Mädchens um dessen Hand anhielt. Ehe sichs Gottschall versah, konnte er vor lauter Tränen nichts mehr sehen und musste am Straßenrand anhalten. Die Geschichte hatte ihn an seine kleinen Töchter erinnert und daran, dass auch sie eines Tages das Nest verlassen würden.

Das war der Moment, in dem Gottschall erkannte, dass Geschichten ungeheure Wirkung auf uns haben. Nach diesem Erlebnis begann er zu recherchieren und schrieb sein Buch „Storytelling Animal", in dem er nachweist, welche Kraft Geschichten haben können. Aber das wusste der Winkler Friedl schon viel früher ...

SINGEN, EINFACH SO!
Warum es uns glücklich macht

MAN SAGT, ERST WENN MAN ETWAS VERLOREN HAT, kann man so richtig schätzen, wie wichtig und kostbar es war. Das gilt offensichtlich nicht fürs Singen. Denn wir haben, was das Singen betrifft, viel verloren und haben doch keine Ahnung, welche Folgen dieser Verlust für uns hat.

Es geht hier nicht in erster Linie um das Singen vor Publikum, etwa in einem Chor. Es geht auch nicht um die mehr oder weniger krampfhaften Versuche, am Heiligen Abend ein, zwei Strophen von „Stille Nacht" zu singen. Es geht um Singen um des Singens willen. Eine meiner Gesprächspartnerinnen erklärt, was damit gemeint ist: „Am Abend sind wir Schwestern auf den Balkon hinausgegangen und haben gesungen. Einfach nur, weil wir das Verlangen danach gehabt haben. Wir haben gesungen, weil wir Freude am Singen gehabt haben und nicht, weil uns jemand zugehört hat."

Halten wir fest: Hier singen Menschen nicht, weil sie nichts Besseres zu tun haben. Sie singen, weil es ihnen gut tut, weil es sie vielleicht sogar glücklich macht. Aber sie singen vor allem deshalb, weil es zu ihrem Leben dazugehört.

Gerne wurde auch während der Arbeit gesungen. Ein Mühlviertler Knecht etwa sang bei jeder Tätigkeit, die keine hohe Konzentration erforderte. Walter, so war sein Name, pflegte immer zu singen, wenn er mit dem Pferdefuhrwerk unterwegs war. Führte er im Frühjahr den Mist auf die Felder, sang er dabei. Danach, beim

Eggen, sang er ebenfalls. Nur beim Ackern konzentrierte er sich auf die Furchen und ließ das Singen bleiben. Selbstverständlich hörte man ihn weithin, wenn er sang.

Ebenfalls eine Mühlviertlerin, die Gretl, sang gerne beim Erdäpfel Herrichten, also bei der Vorbereitung der Kartoffeln für die Aussaat. Von ihr wird auch erzählt, dass sie besonders gerne bei Arbeiten im Keller gesungen hat. Ging man am Haus vorbei, konnte man ihre Stimme glockenhell aus der Tiefe des Kellers hören.

Einer, der Gretl und Walter noch persönlich gekannt hat, sagte folgenden schönen Satz: „Wenn du damals durch ein Dorf gegangen bist, dann hast du öfter von irgendwoher jemanden singen gehört, den du aber gar nicht gesehen hast!" Man muss sich das so vorstellen: Man spaziert an einem schönen Sommertag an einem Haus vorbei, ein Fenster steht offen und von drinnen hört man eine Frauenstimme singen. Von weither, vielleicht von einem Feld oder einer weiter entfernten Wiese, hört man ebenfalls ein paar Leute singen, sogar zwei- oder dreistimmig, und in der Höhe, oben am Berg, juchazt jemand aus Leibeskräften. Das klingt idyllisch, fast kitschig und erinnert uns höchstens an uralte Heimatfilme – ist aber nicht völlig frei erfunden. Das heißt, eine Szene wie diese könnte sich tatsächlich jederzeit zugetragen haben.

DIE MENSCHEN SCHÄMTEN SICH NICHT, ZU SINGEN. Es kam ihnen auch nicht komisch vor, allein oder zu zweit ein Lied anzustimmen. Sie waren völlig frei darin. Der Grund dafür ist ganz einfach: Singen war Teil des Alltags!

Mehr noch, Singen war eine Hilfe, um den Alltag zu bewältigen. Eine heute über 80-jährige Frau erzählte, dass sie immer gerne sang, wenn sie eine Arbeit als langweilig empfand. Als junge Frau musste sie etwa stundenlang die Seilwinde bedienen. Bergbauernhöfe mit ihren steilen Äckern verwendeten damals Seilwinden, um den Pflug bergwärts zu ziehen. Derjenige, der die Seilwinde bediente, musste stundenlang nichts anderes tun, als immer dann, wenn der Pflug bergauf gezogen werden sollte, den Motor einzuschalten. Es war eine eintönige Arbeit: den Pflug beobachten, einschalten, ausschalten, warten. Voll Stolz erzählte diese Frau, dass sie beim Seilwinden ohne Unterbrechung stundenlang Lieder gesungen hatte und – darauf legte sie Wert – dabei niemals auch nur ein Lied wiederholte! Ob sie denn nicht ihren Gesang unterbrochen hätte, wenn der Motor lief? Sie lachte: „Warum denn? Ich hab ja für mich selbst gesungen und nicht für andere!"

Dazu passt die Geschichte der alten Petschenhofermutter, einer Bäuerin aus Gasen. Sie war gerade mit ihrer Cousine dabei, Reisig zu hacken, das damals als Einstreu im Stall verwendet wurde. Die beiden begannen zu singen, als die Cousine eine Idee hatte. Sie wettete mit der damals noch jungen Petschenhoferin um einen Unterrock, dass diese es nicht schaffen würde, einen halben Tag lang in einem fort zu singen und dabei niemals ein Lied zu wiederholen. Die Petschenhoferin sang ein Lied um das andere, manche mit sehr vielen Strophen – und gewann die Wette und einen „Unterkittel" dazu. Sie wurde übrigens später die Großmutter der „Stoakogler", einer bekannten Musikgruppe aus der Steiermark.

Gewiss, es gab musikalische Familien und weniger musikalische. In manchen Häusern wurde viel gesungen, in anderen fast gar nicht. Aber der Zugang zum Singen war für alle offen. Fast jeder war mit seiner Singstimme vertraut und viele konnten mit „Herz und Seele" singen.

Heute haben die meisten Erwachsenen den Zugang zur eigenen Singstimme verloren. Wenn uns der Sinn nach Musik und Gesang steht, gehen wir in ein Konzert, legen eine CD auf oder schauen uns womöglich eine Castingshow im Fernsehen an. Wir *lassen* singen, aber wir selbst singen nicht einmal mehr unter der Dusche. Es ist paradox, wir spüren deutlich, wie viel Energie und Ausdruckskraft im Singen steckt. Wir identifizieren uns mit großen Sängern und Sängerinnen, aber der eigenen Singstimme trauen wir wenig zu. Ja, mehr noch, wir schämen uns für sie und singen selbst dann nicht, wenn wir allein sind.

WAS GAB DEN MENSCHEN FRÜHER DEN MUT, ZU SINGEN? Was gab ihnen die Kraft, einfach die Stimme zu erheben und loszusingen, so als wäre es das Selbstverständlichste auf der Welt? Der Schlüssel zu all dem liegt in der Kindheit. Der Zugang zum Singen wird uns in dieser Zeit entweder geöffnet oder aber bis zu einem gewissen Ausmaß auch versperrt. Personen, die als Kind mit der Mutter oder mit anderen Personen gesungen haben, empfinden deutlich weniger Scheu, allein zu singen und haben auch weniger Probleme, ihre Singstimme schön zu finden.

Jeder, der Kinder hat, weiß, wie sehr sie es lieben, in den Arm genommen zu werden und dabei ein Lied vorgesungen zu bekommen. Sie spüren, dass Gesang tröstet, dass er gut tut und über schwierige Situationen hinweghilft.

Ein klassisches Beispiel dafür ist das Wiegenlied oder Schlaflied als Abendritual, das dem Kind hilft, in den Schlaf zu finden. Viele meiner Gesprächspartner erinnern sich daran, dass es für sie als Kind wichtig war, immer das gleiche Lied vorgesungen zu bekommen. Viele dieser Menschen vergessen *ihr* Gute-Nacht-Lied nie. Soweit sie sich zurückerinnern können, hat es ihre Mutter ihnen immer gesungen, damit sie als Kinder in den Schlaf fanden.

Der Inhalt des Gesangs war oft zweitrangig. Eine ältere Dame erinnert sich, dass ihre Mutter gerne abends „Unsere liebe Frau, die wollt auf Wandern gehen" gesungen hatte. In dem balladenhaften Lied geht es um Petrus, ums Fegefeuer und um eine arme Seel' – das Ganze hat ein trauriges Ende und eignete sich eigentlich überhaupt nicht als Einschlaflied. Aber der Singsang funktionierte trotzdem, denn das Kind verband mit der Melodie Geborgenheit und achtete kaum auf den Text. Zweitrangig war auch, ob die Mutter jeden Ton traf. In diesem Fall war es gar so, dass die Mama relativ unmusikalisch war und, wie es die Tochter ausdrückte, „entsetzlich falsch" gesungen hat. Aber das war egal, denn für das Mädchen war es „das Größte, wenn die Mutter gesungen hat".

Dieser Gesang war alles andere als perfekt, aber er machte Mutter und Kind große Freude. Das Kind lernte, frei und ohne Scham zu singen und entwickelte, im Gegensatz zur Mutter, eine bemerkenswerte Musikalität.

Eine andere Mutter, eine Bergbäuerin, stammte aus einer musikalisch hochbegabten Familie, in der die Lieder „nie ausgegangen sind", weil der Liedschatz unerschöpflich war. Immer wusste jemand noch ein Lied und noch eins und noch eins. In diese Familie wurden fünf Kinder geboren, darunter eines, ein Mädchen, das so außergewöhnlich musikalisch war, dass es schon mit zwei Jahren die Stimme halten konnte. Das erste Lied, das es sang, war „Wenn der Frühling kommt". Die Kleine hatte sich dieses Lied praktisch selbst beigebracht, indem sie immer dann, wenn sie patzte, aufhörte zu singen und von Neuem begann. Unermüdlich tat sie dies so lange, bis sie das Lied vollständig beherrschte.

Selbst in der Kirche sang sie fortwährend, auch während der Predigt, leise vor sich hin. Ihre Mutter ließ sie gewähren und dachte sich: „Vielleicht hat der Herrgott an ihrem Singen mehr Freud' als an meinem Beten?"

Dieses Kind ist heute Chorleiterin und hat das absolute Gehör.

Hätte sie dieses Talent auch entwickelt, wenn sie in einer Familie ohne Gesang und Musik aufgewachsen wäre? Vieles spricht dafür, dass sich selbst angeborenes Gesangstalent erst so richtig entfalten kann, wenn in einer Familie viel gesungen wird. Fest steht, dass diejenigen, die mit der Mutter oder einer anderen nahestehenden Person als Kind viel gesungen haben, ihr Singen wesentlich besser einschätzen und häufiger singen.

SINGEN MACHT KLUG UND TRÖSTET. Man sagt, Singen lernt man nur durch Singen. Oder anders ausgedrückt: „Singe, so lernst du singen!" Kinder, die von klein auf singen, erfahren aber noch viel mehr. Singen steigert die Hirnfunktionen und fördert die Persönlichkeitsentwicklung und Gemeinschaftsfähigkeit. Eine Untersuchung an 500 Kindergartenkindern zeigte, dass Kinder, die viel singen, doppelt so oft für schulfähig erklärt werden als wenig oder gar nicht singende Vorschulkinder. Die Studienautoren belegen einen Zusammenhang zwischen Singen und Hirnfunktionen, Singen und Sozialkompetenz und Singen und Spracherwerb. Singen hilft, die Angst zu bewältigen, da während des Singens der Adrenalinspiegel gesenkt und gleichzeitig der Seratoninspiegel erhöht wird. Aggressionen werden verringert, weil auch Testosteron und Kortisol abgebaut wird. Die Sozialkompetenz steigt, weil das Bindungshormon Oxytocin ausgeschüttet wird. Durch Singen entstehen im Gehirn neue Verbindungen zwischen emotionalen und kognitiven Gehirnhälften, zwischen Fühlen und Denken. Die Nervenleitgeschwindigkeit wird gesenkt, was wiederum hilft, Ängste zu bewältigen.

Mit einem Wort: Singen macht glücklich und tröstet in schwierigen Lebenslagen, oder wie es ein weiser alter Bauer ausdrückte: „Wenn was Schiachs *(Schweres, Hässliches)* im Leben war, haben wir gesungen, und so haben wir alles wieder vertrieben."

Das half auch in den schweren Stunden der Trauer. War im Haus ein Todesfall zu beklagen, kamen an den Abenden Nachbarn und Verwandte, um zu beten und Totenwache zu halten. Dabei wurden die sogenannten „Wachtlieder" gesungen, bei denen oft reichlich Tränen flossen. Es sind traurige Lieder mit zum Teil herzzerreißenden Texten, die von Tod und Sterben und vom Abschied vom Leben handeln. In ihnen wurden Dinge angesprochen, die die Menschen tief berührten und Wehklagen und Weinen geradezu herausforderten. Gemeinsam mit den Gebeten halfen diese Lieder bei der Trauerarbeit. Eine Frau, die selbst noch mehrere „Wachten" miterlebt hatte, sagte: „Nach diesen drei Tagen bist du ausgeweint!"

Singen war hier unbewusst eine Therapieform, ein erster Schritt zur Heilung. Aber auch außerhalb der Trauerarbeit entfaltet Singen seine wirksame Kraft. Fast jeder meiner Gesprächspartner, den ich zum Singen befragte, sagte irgendwann den Satz „Singen macht glücklich" oder „Singen macht frei". Tatsächlich mildert Singen Depressionen und kann tatsächlich Schmerzen lindern. Bereits nach 15 Minuten Gesang lässt sich im Blut ein Hormoncocktail nachweisen, der tatsächlich glücklich macht. Nachgewiesen ist unter anderem die vermehrte Ausschüttung von Glückshormonen, von schmerzstillenden Beta-Endorphinen, von Melatonin, einem Hormon, das uns besser schlafen lässt, und vom Antikörper Immunglobuline A.

Singen berührt unsere Seele tief. Um Wachkoma-Patienten wieder zurück ins Leben zu holen, werden ihnen vertraute Lieder vorgespielt. Bei bestimmten Liedern kann es passieren, dass bei Patienten, die sonst keinerlei Regung zeigen, Tränen fließen und dass ihr Gesicht plötzlich wieder Mimik zeigt.

Singen ist ein grundlegendes Bedürfnis des Menschen. Wenn wir den Zugang zum Singen nicht verloren haben, dann drängt es uns danach, zu singen. Kamen früher zwei oder drei gesellig zusammen, dann sangen sie natürlich – weil es für sie das Natürlichste auf der Welt war. Mit Wehmut berichteten die Menschen von einem längst verschwundenen Phänomen: dem Singen im Gasthaus. Am Sonntag nach dem Kirchgang gingen die Männer ins Wirtshaus „Suppen essen" und Bier trinken. Dann dauerte es nicht lange, und einer hat ein Lied „angesungen". Die anderen stimmten ein, auch die, die keine guten Sänger waren. Ob einer die Stimme halten konnte, spielte überhaupt keine Rolle. Man sang ja nicht für die Zuhörer, sondern für sich selbst. Was für eine Wohltat war es, eine halbe Stunde zu singen!

NOCH VIEL UNMITTELBARER ALS DAS SINGEN IST DAS JUCHIZEN EIN AUSDRUCK UNSERER GEFÜHLE. Wer es einmal probiert hat, kann so leicht nicht wieder damit aufhören. Es ist ganz einfach: erlebt man etwas besonders Schönes, dann juchizt man. Sehr schnell spürt man, dass die Freude durch den Juchizer viel besser ihren Ausdruck findet als durch irgendetwas anderes. Nichts ist so unmittelbar, so direkt aus der Tiefe der Seele, wie ein *Juschrei*, ein *Juchizer*. Das Wort ist eng verwandt mit *jauchzen* und dem eher harmlosen Ausruf *Juhu*. Aber es ist ein Freudenschrei, der weithin hörbar ist und unsere eigenen Gefühle noch multipliziert und steigert. Die Intensität und das Hochgefühl, auch für die Zuhörer, sind unbeschreiblich.

Wann ist ein Juchizer angebracht? Immer dann, wenn etwas besonders schön ist, besonders lustig oder wenn man etwas geschafft hat – dann hieß es: „Da gehört jetzt ein Juchizer drauf!"

Kommt man bei einer Wanderung zu einem schönen Aussichtsplatz, dann wird gejuchizt. Hat man eine Arbeit im Freien beendet, ebenfalls. Kommt man in die Nähe einer Almhütte, juchizt man zur

Begrüßung. Fühlt man sich einfach gut oder freut man sich über irgendetwas, dann ist ein Juchizer nie falsch.

Ganz ist der Juchizer oder Juschrei aber noch nicht ausgestorben. Eine Salzburgerin aus dem Großarltal erzählte folgende Geschichte: Sie war vor einiger Zeit gerade im Tal mit der Heuernte beschäftigt, als sie zwei junge Burschen bemerkte, die eine Felswand emporkletterten. Als die beiden oben angekommen waren, schmetterten sie einen ordentlichen Juchizer übers Tal. Was die jungen Männer nun erwarteten, blieb aber aus, nämlich eine angemessene Antwort auf ihren Schrei. Deshalb riefen sie hinunter ins Tal: „Wos is heind mit dem Juschrei?" Ein Juchizer verlangt nämlich eine Erwiderung – den Juchizer zurück!

Diese Gegenantwort hatte früher eine wichtige Bedeutung. Juchizen diente als Kommunikationsmittel von Hütte zu Hütte, von Sennerin zu Sennerin. Nach getaner Almarbeit schickten die Frauen einen Juchizer zur Kollegin und warteten auf die Antwort. Hörten sie einen Juchizer zurück, wussten sie, dass alles in Ordnung war. Blieb es still, war das ein Alarmzeichen, und es musste sofort Nachschau gehalten werden.

Juchizen ist übrigens nicht mit Jodeln zu verwechseln und im Gegensatz zum Jodler sehr leicht und schnell zu erlernen. Man muss es einfach nur ausprobieren: „Juhuhui!" Der Schrei wird hoch angestimmt, steigt dann raketenartig noch weiter in die Höhe und gleitet am Ende sirenenartig wieder nach unten. Es kommt darauf an, dass man seiner Stimme vertraut und den Ton loslässt. Man sagte früher: „Wenn man juchizen will, dann kann man es auch!"

Juchizen, und auch Jodeln, ist nichts anderes als das „wortlose Ausströmen einer Freude". Am besten übt man Juchizen dann, wenn man vor Freude überwältigt ist und das Bedürfnis hat, seiner Freude Ausdruck zu verleihen. Dann verknüpft sich der Freudenschrei mit der Freude. Das ist der Grund, warum früher so häufig gejuchizt wurde: je öfter man schöne Momente mit einem Juchizer verbindet, desto „süchtiger" wird man danach. Der Juchizer verhilft einem nämlich zu einem Hochgefühl, das man nicht mehr missen möchte.

Singen ist Seelennahrung und Antidepressivum. Der Juchizer ist das Doping dazu. Beides lässt uns Dinge spüren und erleben, die uns gut tun, die uns glücklich machen. Was passiert aber, wenn wir nun diese Seelenräume, die durch das Singen geöffnet werden, verschließen? Der Musiktherapeut Karl Adamek nennt es *Inweltzerstörung* in Anlehnung an das Wort *Umweltzerstörung*. Er meint damit, dass in unserem Inneren etwas beschädigt wird, wenn wir die Fähigkeit zu singen verlieren.

STERBEN GEHÖRT ZUM LEBEN DAZU
Der Umgang mit Trauer und Tod

„LIEBER MENSCH BESINNE DICH, DASS DU STERBEST SICHERLICH." **Nehmen**
wir an, der alte Mann recht gerade Heu zusammen und hört in
diesem Moment die Kirchenglocken. Es ist Abend, 20 Uhr, deshalb
nennt man das Glockengeläut um diese Zeit Achteläuten. Es ist
Freitag, der Tag, an dem Christus am Kreuz starb. Der alte Herr
unterbricht seine Arbeit, stützt sich auf seinen Rechen und hält
inne. Das Achteläuten an diesem Tag erinnert ihn daran, über seine Sterblichkeit nachzudenken. Leise sagt er den Gebetsspruch auf:
„Guter Mensch, was soll es bedeuten, dieses späte Glockenläuten?
Dies bedeutet deines Lebens Ziel und Zahl. Wie der Tag abgenommen, so wird auch der Tod bald kommen. Lieber Mensch besinne
dich, dass du sterbest sicherlich." Er denkt dabei an seinen eigenen
Tod und an den Kreuzestod Christi. Das macht er jeden Freitag, immer beim Achteläuten, schon sein ganzes Leben lang.

Seine Enkelin berichtet mir davon. Auch sie ist schon eine ältere
Dame und sie hält es mit dem Achteläuten gleich wie ihr Großvater. Um diese Zeit öffnet sie immer ihr Fenster, um nur ja das
Läuten der Glocken nicht zu überhören, das mittlerweile vom Ver-
kehrslärm fast überdeckt wird.

Was der alte Mann betete, war ein *Memento Mori*, ein Mahnruf,
den eigenen Tod nicht zu vergessen. Wir sind unangenehm berührt,
wenn wir so etwas hören. Früher war das ganz anders. Ein gutes
Beispiel dafür ist die Figur des heiligen Christophorus, die wir über-

lebensgroß an vielen Kirchenwänden finden. Ihr einziger Sinn war es, an den Tod zu erinnern.

Christophorus war ein Nothelfer gegen den „schlimmen Tod". Das war nicht etwa ein besonders grausamer oder qualvoller Tod, sondern ein unvorbereiteter Tod. Man fürchtete, zu sterben, ohne sich darauf vorbereitet zu haben. Man wollte nicht ohne Sündenvergebung, ohne Wiedergutmachungsmöglichkeit vor das Angesicht seines Schöpfers treten. Dagegen sollte Christophorus oder, besser gesagt, sein Abbild helfen. Man dachte, dass allein der Blick auf sein Bild einen zwar nicht vor dem Tod an sich, aber vor einem schlimmen Tod bewahren konnte.

Der mittelalterliche Mensch wollte sich auf sein Sterben vorbereiten und für eine gute Todesstunde vorsorgen. So versuchte man, wenn möglich täglich einen Blick auf Christophorus zu werfen, in der Meinung, dass das helfen könne. So ist die Figur oft mehrere Meter groß dargestellt, damit man sie auch aus größerer Entfernung noch gut sehen konnte.

Christophorus wurde zwar 1969 aus dem Heiligenkalender der katholischen Kirche gestrichen, da sich seine Existenz historisch nicht belegen lässt, doch Abbildungen von ihm finden wir noch immer, vor allem entlang der alten Verkehrswege im Südalpenraum.[10] Er war ein „Ölgötze", eine Art Talisman, der vielleicht dennoch nicht ganz nutzlos war. Er erinnerte jeden Vorbeikommenden zumindest daran, dass irgendwann auch seine Todesstunde kommen würde und konfrontierte ihn täglich mit seiner Sterblichkeit.

WIR VERDRÄNGEN GERNE SO LANGE ES GEHT, dass wir überhaupt sterben müssen. Die Idee, täglich, und sei es nur durch ein Bild, an unsere Todesstunde erinnert zu werden, erscheint uns völlig abwegig. Im Gegenteil, wir bemühen uns nach Kräften, *nicht* daran zu denken.

Wir leben in einer Zeit des Jugendwahns, in der jeder jünger ausse-hen will, als er ist, und es tunlichst vermeidet, ans Altwerden und ans Sterben zu denken. Allein der ältere Wortlaut der Gebetsformel „in der Stunde unseres Absterbens" aus dem „Ave Maria" jagt uns Schauer über den Rücken. Deswegen wollen wir auch mit Sterben-den nichts zu tun haben und weichen trauernden Menschen gerne aus.

Norbert Elias schreibt in seinem klugen Essay „Über die Einsam-keit der Sterbenden in unseren Tagen", dass Sterbende heute zwar meist nicht allein, aber dennoch einsam seien. In den Krankenhäu-sern und Altersheimen sind jene Menschen bei den Sterbenskran-ken, die von Berufs wegen bei ihnen sein müssen. Im Wesentlichen sind das Krankenschwestern, Pfleger, Ärzte und Sozialarbeiter, aber meist keine vertrauten Personen. Und selbst, wenn Familienange-hörige und Freunde anwesend sind, sind sie oft nicht in der Lage, den Sterbenden das zu vermitteln, was diese brauchen, nämlich Anteilnahme und Zuwendung.

Die Lebenden können sich nicht mit den Sterbenden identifi-zieren. Es ist, als ob das alles nichts mit ihnen zu tun hätte. Elias diagnostiziert, dass wir unseren eigenen Tod verdrängen und nicht wahrhaben wollen, dass wir sterblich sind. Aus diesem Grund hat der Sterbenskranke keinen Platz mehr in unserem Alltag.

Heute werden Schwerkranke zum Sterben ins Krankenhaus ge-bracht. Früher war es genau umgekehrt. Zeichnete sich der Tod ab, dann brachte man den Sterbenden nach Hause, damit er im Kreise seiner Familie sein konnte.

Eine lebenserfahrene Oststeirerin, Jahrgang 1939, erklärte mir, wie man mit Sterbenden früher umging: Zunächst teilt sich die Fa-milie ein, wer wann am Sterbebett sitzt. Man sorgte dafür, dass die-ser Mensch Tag und Nacht nie allein war. Es konnte auch sein, dass

Nachbarn den Wachdienst am Krankenbett übernahmen, auch dass zwei, drei Personen auf einmal im Zimmer blieben. Auf jeden Fall sollten es Menschen sein, die der Sterbende gern hat. Denn nur sie geben dem Sterbenden Ruhe. Das ist eines der wichtigsten Dinge überhaupt. Zum Sterben, so diese Frau, braucht man Ruhe.

Sie selbst hat oft Sterbende begleitet und wusste schon als Jugendliche, wie man mit Sterbenskranken kommuniziert. Selbst wenn diese nicht mehr sprechen können, machen sie sich mit Händedruck noch bemerkbar. Wenn man darauf achtet, sieht man, dass die Menschen mit ihren Händen suchen. Oft genügt es, wenn man ihre Hand hält, dann werden sie ruhig. Es ist, als ob die Sterbenden jemanden brauchen, bei dem sie sich anhalten können. Körperkontakt ist wichtig. Man streichelt die Hand oder hält die Schulter.

Viele können nicht mehr reden und scheinen sich in einer Art Agonie zu befinden. Aber, so ist meine Gesprächspartnerin überzeugt, auch in dieser Phase bekommen die Sterbenden mehr mit, als wir denken. Sie reagieren mit Zuckungen in den Händen und mit den Augen oder mit tiefen Atemzügen und Seufzern – beispielsweise immer dann, wenn ein bestimmtes Wort fällt.

Tatsächlich bleibt das Gehör bis zum Schluss erhalten. Deshalb ist es fatal, sich am Sterbebett zu streiten oder über Erbangelegenheiten zu reden. Man könnte stattdessen noch letzte liebe Worte finden, dem Sterbenden danken und sagen, was man für ihn empfindet.

Ihren eigenen Vater hat meine Gesprächspartnerin bis zur letzten Minute begleitet: „Mein Vater war hellwach und hat bis zum Schluss gesprochen. Noch ein paar Minuten vor seinem Tod hat er gesagt „Mei, wie lang noch?", weil das Sterben schon den ganzen Tag gedauert hat. Ich hab ihn bei der Hand gehalten, sein Gesicht gestreichelt und hab gesagt: „Daddi, ein bisserl noch!" Dann waren es keine fünf Minuten mehr. Ganz zum Schluss hat er noch „Ja!" gesagt, und er hat so geschaut, und er war so ruhig, und dann hast du direkt gesehen, wie er ein letztes Mal atmet. Das hast du gesehen, die Luft, das war Aushauchen von seinem Leben. Es war sehr schön, dass ich dabei war. Ich sag immer, es ist eine Gnade, bei einem Sterbenden dabei zu sein."

DIE VERSÖHNUNG AM STERBEBETT. Die Sterbebegleiterin Andrea Fuß erlebte Wunderbares, als ihre Oma im Sterben lag. Zwei zerstrittene Familien mit Kindern und Enkeln hatten sich am Bett der Großmutter eingefunden, um sich von ihr zu verabschieden. Seit Jahren hatten die Familien keinen Kontakt mehr miteinander gehabt, doch nun, angesichts des Todes, konnten sie sich endlich versöhnen. Es wurde ein wahres Versöhnungsfest! Am Sterbebett tranken sie Sekt miteinander und umarmten sich. Die Oma konnte zwar nicht mehr sprechen, aber ihr glückliches Lächeln wird Frau Fuß nie vergessen.

Versöhnung und Verabschieden sind große Themen. Früher war es eine Selbstverständlichkeit, in den letzten Stunden noch alle Familienmitglieder herbeizurufen, damit sich Kinder und Enkel vom Sterbenden verabschieden können. Ein Gesprächspartner berichtet, dass sein Vater im Sterben gelegen ist, während er als Bub noch vormittags in der Schule war. Alle anderen Familienmitglieder hatten schon Abschied genommen, nur er nicht. Sterbebegleiter berichten oft, dass Sterbende selbst bestimmen können, wann es Zeit ist. So auch dieser Vater. Er hat gewartet, bis sein jüngster Sohn nach Hause gekommen ist, hat von ihm Abschied genommen und ist unmittelbar danach gestorben.

Sich zu verabschieden ist natürlich nur dann möglich, wenn keine falschen Hoffnungen im Raum stehen. Sätze wie „Es wird schon wieder!" und so zu tun, als ob sich der Sterbenskranke wieder erholen würde, verhindern jedes aufrichtige Miteinander.

Sterbende wissen, dass das Ende naht und möchten sich vorbereiten. Das muss nicht so spektakulär sein wie im diesem Fall: Alle im Haus wussten, dass es mit der Großmutter zu Ende geht. Sie lag in ihrer Kammer im ersten Stock. Plötzlich kamen von oben merkwürdige Geräusche. Der Enkelsohn lief hinauf und sah gerade noch wie sich die Kammertür schloss. Der Gedanke an ihr Totenkleid hatte dieser alten Frau keine Ruhe gelassen. So hatte sie noch die Kraft gefunden, aufzustehen und aus einem Schrank in einem anderen Zimmer ein schwarzes Kleid zu holen, mit dem sie aufgebahrt und begraben werden wollte.

Echtes Abschiednehmen ist nur möglich, wenn man nicht verschweigt, was der Sterbende in seinem Inneren ohnedies fühlt. Nur dann kann es auch *letzte Worte* geben. Letzte Worte sind das, was ein Mensch angesichts des Todes noch sagen will. Es sind Kostbarkeiten, die die Hinterbliebenen ihr ganzes Leben nicht vergessen. Eine Frau, die ihren Schwiegervater bis zuletzt gepflegt hat, erinnert sich: „Und dann nimmt er mein Gesicht in die Hände und sagt: ,Und jetzt bedanke ich mich für alles, was du mir getan hast!'" Die letzten Worte vom Vater waren: „Jetzt roas i!" – Jetzt reise ich!, Jetzt mache ich mich auf den Weg! Eine Ehefrau, deren Mann starb, berichtet: „Und ganz zum Schluss haben wir noch ,Danke' gesagt und ,Ich hab dich lieb'. Das war unser Abschied in der letzten Minute."

Können wir ermessen, wie viel verloren geht, wenn wir den Sterbenden diese letzten Begegnungen nehmen? Geht es ans Sterben, verlassen wir leider oft den Raum. Wir übergeben die Sterbenden an die „Fachleute" in den Krankenhäusern und Altersheimen. Norbert Elias schreibt: „Niemals zuvor in der Geschichte der Menschheit wurden Sterbende so hygienisch aus der Sicht der Lebenden hinter die Kulissen des gesellschaftlichen Lebens fortgeschafft."

Je weniger wir über den Vorgang des Sterbens wissen, desto mehr erschreckt er uns. Wer aber einmal einen Sterbenden begleitet hat, verliert die Angst. Eine Altbäuerin versicherte mir, dass sie so lange Angst vor dem Tod gehabt hatte, bis sie beim Sterben ihres Vater dabei war. Damals war sie erst 13 Jahre alt. Sie wusste, dass ihr Vater bald sterben würde und mied das Krankenzimmer aus diesem Grund. Aber ihre Mutter trug ihr immer wieder auf, gerade dort aufzuräumen. Die kluge Frau tat das mit einem Hintergedanken. Sie wollte, dass ihre Tochter die Scheu vor dem Sterbezimmer verliert. Und so war die Tochter dabei, als ihr Vater den letzten Atemzug tat. Sie stand am Bett und nahm genau wahr, was mit dem Vater passierte – von diesem Moment an war die Angst weg. Sie kann nicht genau erklären, was in ihr vorgegangen ist, sie weiß nur: „Er war nicht schiach!" Das, was sie sah, was sie erlebt hat, war ganz und gar nicht schrecklich. Es war gut, so wie es war, und es hat ihr Leben verändert. Von nun an hatte sie nie wieder Angst gehabt, bei Sterbenden zu wachen. Ja, selbst die Angst vor ihrem eigenen Tod ist, wie sie selbst sagt, verschwunden.

IN DEN USA BIETEN BESTATTUNGSUNTERNEHMEN mittlerweile sogenannte *Drive-through-funerals* an. Man fährt mit dem Auto an einer Art Schaufenster vorbei, eine Gardine öffnet sich und hinter Glas ist der geöffnete oder ungeöffnete Sarg zu sehen. Man verabschiedet sich vom Toten – exakt drei Minuten lang, dann schließt sich die Gardine wieder. Wer eher nicht so gern mit Toten in einem Raum ist oder nur schnell in der Mittagspause Abschied nehmen will, für den ist das der ideale Service. Zum Abschied hupt man drei Mal und hat die Sache hinter sich gebracht.

Früher nannte man diesen Vorgang „Wachten". Statt drei Minuten dauerte er drei Tage. Man starb zu Hause und wurde dort drei Tage lang aufgebahrt. Tagsüber konnte jeder kommen, um vom Toten Abschied zu nehmen, und abends kamen dann die Nachbarn, um zu beten und gemeinsam zu trauern.

Man gab sich große Mühe, den geliebten Toten schön aufzubahren. Jedes Haus besaß für diesen Zweck bestickte Bahrtücher. Die Bahre wurde mit diesen Tüchern und mit Efeu geschmückt, das Zimmer mit Blumen übersät und Kerzen angezündet. Auch der Tote oder die Tote waren schön anzusehen. In jedem Dorf gab es Männer und Frauen, deren Aufgabe es war, die Toten „herzurichten". Sie hatten die verstorbene Person gut gekannt und betrachteten es als Ehrendienst und als Liebensbeweis, die Nachbarin oder den Nachbarn zu waschen, zu frisieren und anzukleiden.

Von einer solchen Totenwäscherin wird berichtet, dass sie immer liebevoll mit den Verstorbenen gesprochen hat, während sie sie wusch und ankleidete: „So, Hannerl, jetzt tun wir dich schön waschen, wenn du heimkehrst."

Häufig wurde auch ein Fotograf bestellt, der an der Bahre ein letztes Bild machte. Solche Aufbahrfotos wurden auch gerne an Freunde und Verwandte verteilt. Ich habe viele solche Bilder gesehen und habe mich oft gefragt, warum man diesen schmerzhaften Anblick festhalten wollte. Der Grund war, man wollte eine letzte, eine allerletzte Erinnerung haben.

Der Umgang mit Toten war früher radikal anders. Man wollte sie nach dem Ableben noch im Haus behalten, man hatte keine Scheu vor ihnen und es erschien allen äußerst wichtig, die verstorbene Person noch einmal zu sehen, oft auch zu berühren, an der Bahre zu beten und Abschied zu nehmen. Die Fotografien hatten den Sinn, an diesen Moment zu erinnern und wohl auch Hilfe bei der Trauerarbeit zu leisten. Nur wenn man den Toten sieht, versteht man auch wirklich, dass er nicht mehr da ist.

Das ganze Dorf wollte sich vom Verstorbenen verabschieden. In den Trauerhäusern herrschte ein Kommen und Gehen. Selbstverständlich waren auch Kinder dabei. Sie wurden in keinster Weise ferngehalten.

Eine Obersteirerin berichtete, dass sie als Kind jedes Sterbehaus im Ort besucht hatte. Nach der Schule, gleich am Nachhauseweg, sind sie und ihre Schwester dort „zugekehrt". Ohne Erwachsene, ganz allein, nur um an der Bahre Abschied zu nehmen.

Heute will man Tote nicht sehen, auch dann nicht, wenn ein naher Angehöriger verstorben ist. Man sagt lieber: „Ich will ihn so in Erinnerung behalten wie er war!" Studien zeigen, dass der Abschied am offenen Sarg der erste Schritt zur Trauerbewältigung ist. Nach einem Trauerfall wurden Hinterbliebene befragt. Diejenigen, die den Leichnam nicht mehr gesehen hatten, bereuten es häufig noch Jahre später. Jene hingegen, die den Verstorbenen zuletzt sehen konnten, bereuten es generell nicht, selbst dann, wenn die Todesumstände traumatisch gewesen waren.

So gesehen kann man die alten Rituale und Gewohnheiten nach einem Todesfall als äußerst weise und klug bezeichnen. Nicht nur der Umgang mit den Verstorbenen, auch die – heute so genannte – Trauerarbeit unterlag Sitten und Bräuchen, die sinnvoll waren. Die Trauernden waren nie alleine. In den ersten Tagen herrschte Geschäftigkeit, aber auch viel Weinen und Klagen, viel Erinnern und Reden über den Toten – alles in Gemeinschaft in vorgegebenem Rahmen.

„LUSTIG IS GWEN, WIE DIE WABERL IS GSTORBEN!" Es ist paradox, aber tatsächlich hören sich die meisten Berichte über das Wachten, also die Zusammenkünfte an den zwei Abenden der Aufbahrzeit, anders an, als man es sich erwarten würde.

Zuerst wurde gebetet, danach folgte der gemütliche Teil. Es wurde Most und Brot serviert, über den Verstorbenen geredet, und dabei ging es oft sehr lustig zu. Natürlich nur dann, wenn der Verstorbene, die Verstorbene alt geworden waren – niemals, wenn ein Kind oder ein junger Mensch gestorben war.

Noch öfter aber war es unfreiwillig lustig. Grund für Heiterkeit waren dabei die Vorbeter und ihre Versprecher. Manche Vorbeter waren einfache Leute, die in den meisten Fällen nicht einmal gut lesen konnten. Jetzt sollten sie aus ihren „Betbüchl" die sogenannte Litanei rezitieren, eine Reihe von Fürbitten an die Heiligen. Der Vorbeter las also beispielsweise: „Heilige Theresa", und die anderen ergänzten: „Bitte für ihn (oder sie)!"

Nun haben einige dieser Heiligen Namen, die bei uns nicht gebräuchlich sind. Der arme Vorbeter hatte sie noch nie gehört und wusste natürlich auch nicht, wie man sie aussprach. Das brachte alle Zuhörer in frohe Erwartung, denn sie wussten schon im Voraus, welcher Heiligenname ein Stolperstein werden würde. Dann endlich hieß es mit falscher Betonung: „Heiliger Thaaadäus", und schon breitete sich Heiterkeit im Raum aus.

In einem Ort war es der Brauch, dass der Tischler, der den Sarg machte, auch als Vorbeter agierte. Eines Tages war er verhindert, und er schickte als Vertretung seinen Gesellen, von dem bekannt war, dass er sich beim Lesen „bluthart" getan hat. Alle freuten sich schon auf viele lustige Versprecher, als der arme Kerl tatsächlich mitten in der Litanei stockte und verzweifelt ausrief: „Heiliger …, jo, wie hoaßt denn der? Sakra!"

Litaneien haben es an sich, dass sie geleiert werden. So auch beim „Gegrüßet seist du Maria", wo das „in der Stunde unseres Absterbens Amen" leicht zu einem „Absterben Samen" wird. Wieder lachten alle. Das Lachen war in dieser traurigen Situation auch ein

Ventil, den Gefühlen freien Lauf zu lassen. Gerade die Ernsthaftigkeit führte oft zu Heiterkeitsausbrüchen.

Eine Episode aus dem Mühlviertel: Alle sitzen eng gedrängt um den großen Stubentisch herum und beten. Im hintersten Winkel der Sitzbank kauert ein Mann eingeklemmt zwischen seinen Sitznachbarn und zieht nach und nach alle Aufmerksamkeit auf sich. Er schaut verzwickt drein und schneidet die merkwürdigsten Gesichter. Schon bald kann niemand mehr dem Vorbeter recht folgen, alle spähen zu dem Grimassenschneider, und die ersten beginnen zu kichern. Der Vorbeter erhebt seine Stimme. Es nützt nichts. Alle *müssen* den armen Wicht anschauen, und schon wird wieder gelacht. Der Hintergrund: Er musste dringend aufs Klo. Aber es war undenkbar, Rosenkranz und Litanei wegen so etwas zu unterbrechen, also hielt er tapfer durch.

Danach saß man bei Speis und Trank zusammen. Anfangs kreisten die Gespräche noch um den lieben Verstorbenen, mit fortgeschrittener Stunde aber wurde es immer unterhaltsamer. Waren viele junge Leute dabei, spielte man gern alte Bauernspiele wie „Stockschlagen" oder „Sterngucken". Manchmal wurden auch, dem Anlass entsprechend, Spukgeschichten erzählt. Peter Rosegger schreibt, dass das Wachten nach dem Ableben des vulgo Weberhansl so unterhaltsam war, dass sich ein Teilnehmer zu folgender Aussage hat hinreißen lassen: „Heute ist es soo lustig. Schade, dass der Weberhansl nicht da ist. Er ist um einen Tag zu früh gestorben."

ARABISCHE BEGRÄBNISSE SIND UNS FREMD. So viele Emotionen! Laut klagende Männer und weinende Frauen – wenn wir solche Szenen im Fernsehen sehen, wissen wir oft nicht recht, was wir davon halten sollen. Aber wie hat ein Begräbnis eigentlich zu sein, wie hat Trauer auszusehen? Andächtig, still und leise?

Auch in unserem Land gab es Trauer-Traditionen, die starke Emotionen hervorriefen und und die zu Tränen rührten. Nach dem dreitägigen Aufbahren wurde der Verstorbene in den Sarg gelegt und aus dem Haus getragen. Wenn er über die Türschwelle seines Hauses gehoben wurde, also ein allerletztes Mal sein Haus verließ, hielt man noch einmal kurz inne. Mit dem Sarg wurde ein Kreuzzeichen angedeutet oder man stellte ihn sogar für einen Moment dort ab.

In der Südoststeiermark wurde dabei eine herzzerreißende Ansprache gehalten, die von den lauten Rufen der Klageweiber begleitet worden ist. Hier einige Sätze aus einer dieser Abschiedsreden: „Zum Grab bin ich bereit, drum reis' ich in die Ewigkeit. Muss alles hier verlassen, muss mich machen auf die Straßen, vom Haus jawohl hinaus und zum Friedhof hinein. Lebe wohl, mein lieber Ehemann, behüt' euch Gott, meine lieben Kinder." Man kann sich gut vorstellen, wie bei solchen Worten die Tränen flossen. Zum Schluss hieß es: „Zum Grab tut mich begleiten, die Glocken lasset läuten. Nun, liebe Nachbarn, hebt mich auf und tragt mich zur Tür hinaus."

Man sagt: „Weinen ist der beste Trost." Wenn das stimmt, dann hatten die Verfasser dieser gefühlvollen Abschiedsrede mit Recht auf die Tränendrüse gedrückt. Auch beim Wachten wurden gerne sogenannte Totenwachtlieder gesungen, die so herzzerreißend waren, dass sie verlässlich viele Zuhörer zum Weinen brachten. Einige dieser Lieder waren so traurig, dass auch die Sänger weinen mussten.

Heute weiß man, dass in den Tränen schmerzstillende und beruhigende Stoffe enthalten sind, etwa das körpereigene Opioid Leucin-Enkephalin, eine Art natürlicher Tranquilizer. Diese Stoffe sind allerdings nur in „emotionalen" Tränen enthalten. Wenn wir während des Zwiebelschneidens weinen müssen, dann geht das ganz ohne Opioide ab.

Es gibt den Begriff *ausgeweint*. Man meint damit, dass man genug geweint hat und nun keine Tränen mehr weinen kann oder muss. Das war wohl früher nach drei Tagen Aufbahren, Wachten und nach dem Begräbnis der Fall.

Der Sarg wurde in einem Leichenzug langsam zur Kirche gebracht. Zu Fuß ging die Trauergemeinde hinterher. Gewöhnlich nahm das ganze Dorf am Begräbnis teil. Nach der Totenmesse wurden die Verwandten, die Patenkinder, die Leichenträger, der Pfarrer und der Totengräber zum Essen ins Gasthaus eingeladen. Diese Mahlzeit hatte verschiedene Namen. Sie hieß *Leichenschmaus, Zehrung, Bstattung* oder *Totenmahl*. Zu essen gab es immer das Gleiche, je nach regionalem Brauch. Häufig war es eine Rindsuppe mit Fleisch oder gekochtes Rindfleisch mit Beilage. Danach, abends, kehrte das erste Mal nach mehreren Tagen endlich wieder Ruhe ein. Man war erschöpft und fiel meist müde ins Bett.

Die offizielle Trauerzeit hatte begonnen, deren Zeitraum wiederum genau festgelegt war. Starb ein Ehepartner, trug man ein halbes Jahr schwarz, das zweite halbe Jahr nur mehr „halb schwarz". Danach war die Trauerzeit zu Ende. Heute erwartet man von Hinterbliebenen oft, dass sie ihre Trauer nach ein paar Monaten beenden, meint, dass sie nun genug getrauert hätten. Das Gute an der formellen alten Trauerzeit war vielleicht, dass einem die Trauer zugestanden wurde. Ein volles Jahr lang.

Anmerkungen

1 Die Kolumnistin Carina Kerschbaumer schilderte dieses Erlebnis in: Kleine Zeitung, 23. April 2014.

2 Beim Brecheln wird die holzige Ummantelung von Flachs oder Hanf von der Faser getrennt, indem man es mit dem hölzernen Brechelschwert bearbeitet.

3 Es handelt sich um den Vater des Waldviertler Unternehmers Heini Staudinger. Staudinger erwähnte die genannte Aussage seines Vaters bei seiner Rede beim Entrepreneurship Summit 2013 in Berlin.

4 Die Erziehungswissenschaftlerin Tina Hascher in einem Interview mit Die Presse am Sonntag, 8.12.2013.

5 Geriebene rohe Erdäpfel werden mIt Ei, Grieß, Salz und ev. Sauerrahm oder Milch vermengt und in einer Auflaufform gebacken. Mit etwas Leinöl und Salat servieren.

6 Dies sind keine Knödel, sondern ein Art Suppeneinlage aus Strudelteig.

7 Talggn: Getreidekörner wie Hafer, Gerste oder Roggen wurden gekocht, danach gedörrt, bevor sie in der Mühle grob gemahlen wurden. Die Talggn konnten nun zu Brei, Sterz, selbst zu Nockerln und Knödeln verarbeitet werden. Man konnte sie aber auch einfach in die Milch einrühren und als gesundes Frühstück löffeln.

8 Flöggn: fingerdickes Trockenbrot, das gerne als Wegzehrung auf die Almen mitgenommen wurde. Als Frühstück wurde das Brot in Brocken gerissen, in Milch eingeweicht und abgeschmalzen.

9 Rafik Schami ist ein syrisch-deutscher Schriftsteller und begnadeter Erzähler. Er trägt seine Geschichten am liebsten mündlich dem Publikum vor. Seine Bücher sind Sammlungen von Geschichten in der Tradition des arabischen Geschichtenerzählens, z. B. „Der Fliegenmelker und andere Erzählungen aus Damaskus", „Der fliegende Baum", „Das Geheimnis des Kalligraphen".

10 Besonders viele Christophorusbilder findet man entlang der alten Verkehrsroute von Tirol über Kärnten nach Norditalien. Das älteste bekannte riesenhafte Christophorusbild befindet sich an der Kapelle der Tiroler Burg Hocheppan im Etschtal. Es liegt genau gegenüber dem Wohnraum der Burg, sodass der Burgherr morgens aus dem Fenster einen Blick auf das Bild werfen konnte.

Quellenverzeichnis

Schlicht und einfach Gemeinschaft
Gerald Groß: Wir kommunizieren uns zu Tode. Überleben im digitalen Dschungel. Wien. 2008.

Norbert Peter: Mailbox voll, Akku leer. Müssen wir jetzt reden? Wie die digitale Revolution die Gesellschaft verändert. 2014.

Der Spiegel 36/2014. Jörg Schindler: Der Uhr-Mensch.

Das Glück der Zufriedenheit
Wirtschaftsblatt online. 4.9.2014. Tim Schäfer: Sparsame Menschen sind sehr glücklich.

Oliver Jeges: Generation Maybe – Die Signatur einer Epoche. 2014.

Bas Kast: Ich weiß nicht, was ich wollen soll. Warum wir uns schwer entscheiden und wo das Glück zu finden ist. 2012. S. 32 ff.

Der Umgang mit der Zeit
Karlheinz Geißler: Vom Tempo der Welt. Am Ende der Uhrzeit. 1999.

Karlheinz Geißler: Enthetzt Euch! Weniger Tempo – mehr Zeit. 2012. S. 37.

Gerald Groß: Wir kommunizieren uns zu Tode. Überleben im digitalen Dschungel. Wien. 2008. S. 27.

Zeit online. 20. September 2012. Tina Groll: Alles gleichzeitig funktioniert nicht.

Karlheinz A. Geißler: Vom Tempo der Welt. Am Ende der Uhrzeit. 1999. S. 91 f.

Gerhard Dohrn-van Rossum: Die Erfindung der Stunde. In: Könnte es nicht auch anders sein? Die Erfindung des Selbstverständlichen. 2003. S. 75.

Hartmut Rosa: Beschleunigung und Entfremdung. 2013.

Karlheinz. A. Geißler: Enthetzt Euch! Weniger Tempo – mehr Zeit. 2012. S. 12.

Aus! Schluss! Feierabend!
http://francescagino.com/pdfs/vohs_et_al_psych_science_2013.pdf

Kathleen D. Vohs, Yajin Wang, Francesca Gino and Michael I. Norton: Rituals Enhance Consumption. Psychological Science 2013 24: 1714 originally published online 17 July 2013.

Robert Levine: Eine Landkarte der Zeit. Wie Kulturen mit Zeit umgehen. 2001.

www.taz.de, Martin Fritz: Tod durch Arbeit. 29.10.2009.

Markus Väth: Feierabend hab ich, wenn ich tot bin: Warum wir im Burnout versinken. 2011.

Gottfried Roth: Feierabend und Sonntagsruhe aus der Sicht des Arztes. In: Der Tag des Herrn: Kulturgeschichte des Sonntags. Hrsg. Rudolf Weiler. 1998. S. 245.

Warten können

Jürgen Zulley, Barbara Knab: Unsere innere Uhr. Natürliche Rhythmen nutzen und der Non-Stop-Belastung entgehen. 2014.

Robert Levine: Eine Landkarte der Zeit. Wie Kulturen mit Zeit umgehen. 2001. S. 173

Amit Kumar, Matthew Killingsworth und Thomas Gilovich (2014) Waiting for Merlot: Anticipatory Consumption of Experiential and Material Purchases. Psychological Science. Zitiert in: www.Alltagsforschung.de: Daniel Rettig: Wann Vorfreude am schönsten ist – und wann nicht

Eckart von Hirschhausen: Das Glück kommt selten allein. 2009.

Die Welt. 3.3.2014. Fanny Jimenez: Alles kommt zu dem von selbst, der warten kann.

Heinrich Spoerl: Warte nur, balde. In: Man kann ruhig darüber sprechen. Heitere Geschichten und Plaudereien. 1943. S. 13 f.

Kleine Zeitung, 6. Juli 2014. Interview mit Franz Schweifer: Alles zieht im Railjet vorbei.

Kindern etwas zutrauen

Der Schauspieler August Schmölzer schilderte den Schulweg seiner Kindheit in „Café Sonntag", Ö1, 23.11.2014

Herbert Renz-Polster, Gerald Hüther: Wie Kinder heute wachsen: Natur als Erlebnisraum. Ein neuer Blick auf das kindliche Lernen, Fühlen und Denken. 2014.

Christian Ankowitsch: Dr. Ankowitschs Kleiner Seelenklempner, Berlin 2009, S. 255 f.

Einfach gut essen

Anna Wimscheider: Herbstmilch - Lebenserinnerungen einer Bäuerin. 1987.

Zeit-online, 12.11.2012. „Dick, weil biologische Uhr falsch tickt", nach einem Bericht der DPA.

Pressemitteilung der Humbold-Universität zu Berlin vom 2.3.2013. Studie: Sommer W., Stürmer B., Shmuilovich O., Martin-Loeches M., Schacht A.

(2013) How about Lunch? Consequences of the Meal Context on Cognition and Emotion. PLOS ONE: e70314. doi:10.1371/journal.pone.0070314

Der Spiegel 36/2012. Samiha Shafy: Die süße Droge.

profil.at 12.3.2013. Sebastian Hofer: Seit wann ist Zucker giftig?

Dürrschmid K., Unterberger E., Bisovsky S.: Untersuchung zu den gustatorischen und olfaktorischen Wahrnehmungsfähigkeiten von 10- bis 13-jährigen Schulkindern in Österreich (2008).

Der Spiegel 9/2005. Der verlorene Geschmack. S. 133.

Unser tägliches Brot

Die Presse/Das Schaufenster. 19.9.2014. Anna Burghardt: Tausendmal getauscht.

Der Standard, 11. Juni 2008, Verena Kainrath: Jedes fünfte Brot landet auf dem Müll.

www.kinomachtschule.at Simone Baur: We feed the world. Materialien zu einem Film von Erwin Wagenhofer. S. 6.

Das ganze Tier essen

Die Presse. Schaufenster. 30.1.2014. Anna Burghard: Herz und Hirn.

Katharina Prato: Die süddeutsche Küche. Graz 1862.

Frankfurter Allgemeine Zeitung, 28.6.2008. Jürgen Dollase: Ist das eine Igitterei?

Thomas Weber: Ein guter Tag hat 100 Punkte. 2014.

Der Spiegel 43, 2013. Susanne Amann, Michael Frohlingsdorf, Udo Ludwig: Schlacht-Plan.

Spiegel online, 15.11.2013. Nicolai Kwasniewski: Warnung des EU-Parlaments: Lebensmittelbetrug in Europa weitet sich aus.

Bescheidenheit ist eine Tugend

Inge Friedl: Wie's g'wesn is. Vom Leben auf dem Land. 2008. S. 121.

Der Spiegel 14/2014. Markus Brauck, Dietmar Hawranek: Überdruss am Überfluss. S. 35 f.

Jetzt.sueddeutsche.de, 14.5.2015. mariel-mclaughlin: Ich fühle mich auf jeden Fall erleichtert.

Süddeutsche.de. 26.4.2014. Silke Bigalke: Wenn Besitz zur Last wird.

Süddeutsche.de. 17.5.2010. Nikolas Westerhoff: Der Preis des Plunders.

Müll? Gibt's nicht

Die Presse am Sonntag. 4. Jänner 2015. Susanne Haberl: Müllfrei leben in New York.

Ö1, Radiokolleg „Weg damit – Geplanter Verfall und lustvolle Verschwendung", 16. September 2014.

Bernard London: Ending the Depression Through Planned Obsolescence. 1932.

http://www.centennialbulb.org/

Valentin Thurn, Stefan Kreutzberger: Harte Kost. 2014.

Erzähl mir was!

Kleine Zeitung, 5.10.2014. Werner Krause: Alles neu machte der May.

Singen, einfach so!

Karl Adamek: Singen als Lebenshilfe. Zu Empirie und Theorie von Alltagsbewältigung. 2008. S. 140 f.

Karl Adamek: Singen als Lebenshilfe. Zu Empirie und Theorie von Alltagsbewältigung. 2008. S. 142.

Michael Betzner-Brand: Jeder kann singen! Wie Singen im Alltag glücklich macht. 2014.

Thomas Blank, Karl Adamek: Singen in der Kindheit. Eine empirische Studie zur Gesundheit und Schulfähigkeit von Kindergartenkindern und das Canto elementar-Konzept zum Praxistransfer. 2010.

Die Presse. 19.1.2014. Claudia Richter: Singen ist oft der erste Schritt zur Heilung.

123 Jodler und Juchzer. Hrsg. Steirisches Volksliedwerk. 2011. S. 6.

Karl Adamek: Singen als Lebenshilfe. Zu Empirie und Theorie von Alltagsbewältigung. 2008. S. 45.

Sterben gehört zum Leben dazu

Horst Fuhrmann: Vom „schlimmen Tod" oder wie das Mittelalter einen „guten Tod" herbeiwünschte. In: Überall ist Mittelalter. Von der Gegenwart einer vergangenen Zeit. S. 204 ff.

Norbert Elias: Über die Einsamkeit des Sterbenden in unseren Tagen. 1983.

Mitteldeutsche-Kirchenzeitung.de. 14. Januar 2013. Der Tod ist ein großer Aufräumer. Interview mit der Sterbebegleiterin Andrea Fuß über ihre Erfahrung mit Sterbenden und Schwerkranken.

Birgit Wagner: Komplizierte Trauer. Grundlagen, Diagnostik und Therapie. 2013. S. 43.

Der Spiegel 23/1999. Marco Evers: Magische Flüssigkeit.

Die Autorin

INGE FRIEDL, geb. in Bruck/Mur, Historikerin, Museumspädagogin und Autorin, unermüdliche Sammlerin und Archivarin. In Gesprächen mit Zeitzeugen und bei Recherchen in privaten Fotoarchiven erfasst und hält sie fest, was sonst für die Nachwelt verloren wäre. Bei Styriabooks u. a. erschienen: *Wie's gewesn is, Wie's amol wor* und *Almleben*.